心の危機と臨床の知　7

心と身体の世界化

港道 隆・編

人文書院

まえがき

シリーズ『心の危機と臨床の知』第七巻として刊行される本書『心と身体の世界化』は、日本にとどまらず現代社会のコンテクストを規定しているグローバリゼーションの動きを問い直し、現状とは別の可能性を求める試みである。臨床心理学を中心にした甲南大学人間科学研究所で取り上げるには大きすぎるテーマではないか？グローバリゼーションとはしかも、何よりも経済、政治、法律等の次元で起こることであり、それを研究する専門家が論じるべき現象であって、文化や心理に携わる研究者には縁遠いのではないか？ 決してそうではない。シリーズ第五巻『埋葬と亡霊』で「再吟味」を試みたトラウマをめぐって戦争の問いが大きく介入してきた様を見ても、国家を超える次元が個人の心と身体を、国家や市民社会、地域社会とともに重層決定していることは明らかである。欧米でも日本でも、スーパーマーケットを訪ねたらすぐに分かるように、世界中の食品が並んでいる。それは、食の安全性が揺らいでいることに他ならない。それに対抗する、例えばスローフードの運動にも見られるように、グローバリゼーション過程において触発され問題になっているのは、何よりも心と身体との双方を規定する感受性である。

確かに、人、金、物、サーヴィス、情報、そして病いもが易々と国境を超える現象としてグローバリゼーションを捉えれば、そこにはポジティヴな面と可能性とが含まれていると言うべきだ。何よりも人種も民族も異なる人々が同じ社会に共存する可能性を少しずつであれ現実のものにすることによって、差別と戦争のもとになってきた近代国民国家の原理が歴史的な限界として立ち現れてきたのである。（差別が国民国家と外延を等しくするわけではないことは言うまでもない。）それはしかし、明るい未来を世界に約束するものではない。誰でもが知っている通り、新自由主義と呼ばれる資本主義が押しつけるグローバリゼーションは世界中で不幸をもたらしつつある。それは「世界」を一つにするどころか、「世界」を分断し、格差を拡大し、紛争を引き起こす。例えば、現政権下で、「構造改革」の名の下に新自由主義へと突進して行く「構造改革」の日本社会において典型的な形で展開しているように、一方では従来の利益誘導型政治が終焉を迎えているとはいえ、その一方では労働運動が衰弱し、雇用形態が変化し、資本は膨れあがり、それを好景気と呼びながら民の生活が見捨てられ、社会不安・心理不安が増大する中で、新たな「草の根」国家主義が台頭してくる。この動向は、近い将来、深刻な政治-経済-社会-環境問題としてすべての人々に回帰してくるであろう。既に鉄道における惨事、建築業界における犯罪、刑事犯罪の氾濫、「日の丸・君が代」の強制、ニート問題と一部の富裕層における「人生ゲーム」の流行、そして異常ではなくなった自然災害として表面化している。（さらに言えば日本人が、日本への輸出を目的として捕獲されたマグロを日常的に消費続けることによって、世界のマグロを絶滅させる可能性がある。）日本の中だけで発想する時には、いかなる突破口もないかに感じられているこの状態にも、世界に目を転じれば様々な抵抗運動があり、様々な対抗案が提案されている。タイトルの「世界化」とは従って、グローバリゼーションに対抗して別の可能性を実現しようとするオルター・グローバリゼーションの運動をも視野に収めて、心と身体のレヴェルから「われわれ」を規定しつつある［オルター］グローバリゼーションを日本語で言い当てようとした表現であるとご理解いただきたい。

編者である私は当初、この計画に不安を抱いていた。グローバリゼーションの問題は、経済的、政治的、社会的なコンテクストで、既に多様な形で論じられてきており、陳腐な屋上屋を架すことに終わらないかとの不安である。一般的に過ぎるか、それとも特殊な現象に終始するか。何回かの研究会を重ね、参加してくださった方々に執筆を依頼し、原稿が集まり出すと、それが取り越し苦労であったことがすぐに判明した。論文のそれぞれが個性豊かなものだからである。何よりもそれは、文化のレヴェルで議論が展開されていることに由来する。ここに、本書の構成を一言二言で標定することによって、「まえがき」を綴る編者の務めを果たしたい。ただし、本書を一本の糸が貫いているなどという事後的な合理化を目指してはいない。むしろそれは、一篇々々の論文が織りなしている複数の糸が本書で出会うことによって、さらに別な糸へと連なって行くことを願って建てる一里塚に他ならない。

本書は、フランスにおけるオルター・グローバリゼーションの実態を描くコリン・コバヤシ論文に始まる。ヨーロッパでは、アメリカ政治・経済圏に対抗するヨーロッパ共同体（EU）という新たな政治・経済圏が形成されつつある。国民国家を超え、戦争を回避し、巨大な国家にはならずに諸国家間の連合体を構築するという壮大な実験は始まったばかりでありながら、既に幾多の困難に直面し始めている。EUそのものが一つのグローバリゼーションだからだ。例えば、財政赤字を国家予算の三パーセント以内に抑制するという加盟の条件は、「小さな政府」を求め、様々な国家補助を削減し、公共サーヴィスを民営化する道を準備する。その一方では、国際競争力の名の下に資本は巨大化し、失業問題が社会を苦しめる。その中で、フランスではAttac France（アタック・フランス）を中心にしたオルター・グローバリゼーションの運動が台頭してきた。日本ではまったく見られない現象である。コバヤシ論文は、グローバリゼーションの基本を整理した上で、その動きを丹念に跡づけている。そこには、歴史的な条件が異なるとはいえ、学ぶべきアイディアが鏤められている。冒頭に掲げるに相応しい文章であり、日本の知識人に欠けているものについての指摘は、われわれが真摯に受け取るべきものである。

個人の心理のためにも公共性の奪回が求められているのである。

本書は当初「アメリカのあり方とグローバリゼーション」の仮題をもっていた。現在の日本における変化もアメリカメリカの存在抜きでは語れぬからだ。とりわけ「日米同盟」にしがみつく日本は、経済的にも政治的にも、社会的にも国際社会でのアメリカ合衆国の動きに振り回されているし、その太平洋軍事戦略の再編成にすっぽりと取り込まれようとしている。しかもその影響は、とりわけ家庭と教育を通じて確実に子供たちの心と身体に及んで行く。右に続く三篇の論文は、まさにアメリカを取り上げている。秋元論文は、「紙幣を読む」という斬新な視点から、国家建設に力があったベンジャミン・フランクリンと、その肖像を冠した大陸貨幣ドル、それに対して孤高の作家ウィリアム・バロウズのエクリチュールと、その肖像を配した地域貨幣とを対比し、そこにオルタナティヴの可能性の一つを掘り起こしている。言うまでもなく地域貨幣は、グローバル貨幣の変動から身を守り、地域共同体の再建を可能にする試みに他ならない。しかし、貨幣および権力とは何よりも言語の問題である。バロウズの作品の中に秋元は、あたかも透明な媒体であり、あたかもコミュニケーションの「道具」であるかのように世界中に拡散して行く英語（権力・ウィルス）に対するパロディに満ちた抵抗を読みとって行く。文学研究者ならではの鋭い着眼は、世界に対する新たな感受性の所在を指し示している。田口論文も、一九五〇年代以来、ビート、公民権運動、ヒッピー、カウンター・カルチャー、ベトナム反戦運動というアメリカの反体制的な政治・社会・文化運動が、どのように体制（＝「シッステム」）に吸収されてきたかを跡づけている。翻って言えば、それは体制の戦略をも確認することに他ならない。著者は従って、そこから今日サブ・オルターン・グローバリゼーション（オルター・グローバリゼーション）に連なる要素を探るのである。これまた、アメリカの事情に詳しく、詩と文学の研究者ならではの情報に満ちた、学ぶところの多いテクストである。ただし、そのトーンは決して楽観的なものではない。そして、その気分は著者の全員が共有しているものでもある。だからといって、諦めてよいということにはならない。ここでも問われているのは感受性であり、従って行動である。

川畑論文は、本研究所所長である森茂起氏の質問メモに答える形で、アメリカにおける精神分析の歴史と現状を整理し、精神分析とグローバリゼーションとの関係を検討している。精神分析といえば、例えばジャック・ラカンや、引用されている十川幸司のように、そして私を含め多くのひとが、知らず知らずのうちにヨーロッパから事柄を見がちであるため、アメリカで精神分析を学んだ著者の視点は新鮮であり多くのことを教えている。そこで描き出されているのは、アメリカの精神分析がグローバリゼーションの担い手でも、国内における覇権主義に則っているわけでもないという、どちらかと言えばネガティヴな姿である。しかし、だからこそ、従来あまり議論されてこなかった精神分析、精神医学とグローバリゼーションとの関係を、複数の地点から見て問い直す第一歩になるであろう。

こうした巨大な流れに対して批判力をなくしたかに見える日本の現状は、どのように理解したらいいのか？ それに対してどのように立ち向かい、あるいは立ち向かわずに抵抗しうるのか？ 敗戦後の歩みを振り返ることによって西論文は、こうした問いを思想史的に立て直している。とりわけ一九七〇年代がターニングポイントである。西論文は、「構造主義」「ポストモダニズム」「カルチュラル・スタディーズ」「脱構築」等、西洋文化が自らの依拠してきた思想的な前提と規範を問い直すその「脱規範化」の動きが日本に導入されるにいたって、「西洋を理想とする必要はない」というナショナルな自己肯定に転化してゆく逆説を鋭く分析している。思想が批判力を維持し現実に介入するためには、脱規範化のドグマ化を現状肯定の隠れ蓑にせず、その一方では規範のドグマ化をも避けつつ、「より高い正義」を求め続けるのでなければならない。その際には、絶対的／相対的、あるいは真理／イデオロギーの二元論のどちらでもない、当の二元論とは別の境位を開かなくてはならない。

高度な技術・科学の水準によって変容を強いられており、かつ世界の富を享受しているごく一部の地域では、人々は、自分の意志とは無関係なところで進む変化の中で、確実に何かを失いつつあると感じている。逆に、技術・科学の「恩恵」を受けていない地域の人々は、伝統的な「豊かさ」さえも破壊されて貧困に喘いでいる。どちらにおいても、何かを失いつつあるのだ。社会のあり方の変容は、身体レヴェルからしてわれわれのあり方を触発し変状させる。マルセル・モースが指摘した社会的身体作法である。石原論文は、日本における文字経験を襲っている機械効率化を、書くことにおける身体性の喪失と捉え、事の深刻さを、日本の漢字受容と近代化の中での漢字の処遇をたどりつつ確認している。確かに、文字を手書きすることは激減し、自ら書く文字への美的感性の衰弱は急速に進んでいる。その帰結は、文字ばかりでなく、言葉自体を扱うときの粗雑さである。それと裏腹に、あたかも英語が万能であるかのような幻想が生まれ、効果いかんにかかわらず、誰もが英語に突進して行く。そうした「身体喪失」に対して石原は、「書」の伝統や、『万葉集』の「戯書」にさかのぼる「ことば遊び」に抵抗線を見出している。なぜ抵抗線になりうるのか？　何よりも経済効率と無関係だからだ。新たなラッダイト運動に陥らずとも、石原の論点は「無駄」だとして捨てられるもの、多重の意味での「社会のゴミ」からの、「無駄」を蓄積した環境からの「効率」への抵抗の問いへと一般化することができるであろう。

待望久しい増田論文は、グローバリゼーションの中での貧困を正面から取り上げ、それを政治（思想）問題として論じている。ネルソン・マンデラがロンドンで行った演説の中で使われている語 obscene inequality を縦糸に、フーコー、アーレント、フランツ・ファノンなどをそれに絡ませて、自ら赴いたニジェールの実情を織り込みながら、「正義」を追求して行く。深刻なのは、「豊かさ」を享受する国も民も、いくらかアドルフ・アイヒマンに似て、世界の貧困を放置する「悪の凡庸さ」に陥り、安眠をむさぼっているのではないか、ということだ。マンデラが指し示すのは、ヘーゲルの言葉でいえば「奴隷」たる被抑圧者たちと富める抑圧者の位置にいる「主人」との間の、ヘーゲルに突きつけられた反転した主奴の弁証法（反射される反省の鏡）であり、それは「人類」全体の解放の道である。アフリカの一端の証言を織り込んだこのテクストは重い問いを読者に残すであろう。

最後に港道論文は、グローバリゼーションは「世界キリスト教化」であるとのジャック・デリダの定式を受け、それを肯定し、かつそれに抵抗する可能性を哲学的次元で探っている。ジャン＝リュック・ナンシーの「キリスト教の脱構築」を手がかりに問いを立て直し、ナンシーとデリダの微妙な差異に注目しながら、「キリスト教」に「日本の伝統」を対置するナショナリズムに与せず、しかも「キリスト教化」に抵抗する場所を発掘することを試みる。アポリアに満ちた状況を回避せず、何らかの抵抗は、常に「正義」を求め続けるところにしかありえず、そして「正義」は常に他者からやって来ることを確認している。

前著『埋葬と亡霊』と同様、執筆者はすべて、甲南大学人間科学研究所が開催した研究会に参加して下さった方々である。私はだから、本書が単なる論文集ではなく、一連の研究会の成果だと自負している。本書には従って、一連の研究会の延長上に、「特別企画」として、二〇〇五年四月に来日された映画監督サファー・ファティー氏をお招きし、その作品『デリダ、異境から』を上映した後に開催した討論の記録をも収録することができた。こうした成果の「編者」などという身に余る大役を務め上げげられたことを光栄に思う。他の場合と同じようにここでも、本書が結実するまでに尽力いただいた数多くの方々に心から感謝したい。まずは、研究会に参加して下さった内外の研究者の方々に。そして、そこで起こっていることに立ち会い、発言して下さった学部生および大学院生の方々に。研究会なるものは教育と切り離すことはできない。とすれば、研究を支えているのはむしろ彼（女）らだと言ってよい。さらには、執筆者の一人である石原みどりさんを始めとする三名の博士研究員に。研究会の開催から出版にいたるまで、本研究所を成り立たせているのは博士研究員だということは特筆すべきである。以上のすべての前提となっている、組織としての研究所を組織として支えて下さっている甲南大学に。そして何よりも人文書院の編集者、谷誠二さんと井上裕美さんに。われわれの研究会に同席されたお二人からは常に、多大な情熱と忍耐に基づいてプロの目から、本書の編集と出版に対する貴重な助言を賜った。それなくして本書が日の目を見ることがなかったことは言うまでもない。本書がお二人の労に報いるものであることを願っている。

二〇〇六年一月二十日　震災から十一年を経た神戸にて

港道　隆

心と身体の世界化　目　次

心と身体の世界化

もうひとつの世界はほんとうに可能なのか？

――オルター・グローバリゼーション運動の現在

コリン・コバヤシ

1　統合か分裂／分岐か

世界が一つになる。単純にこれはいいことだ、と思いがちである。経済統合、市町村統合、企業統合など、日本では盛んに統合が善として語られる。統合という名のついた様々な営為はしかし、ほんとうに良いことなのだろうか。グローバリゼーションの諸相は、この単純明快な疑問を突きつける。社会が一つになる、統合されることとは、そのありようによっては様々な解釈が可能であり、統合が強権的に行われる場合は専制主義、全体主義に行き着く。

だが、人間は、統合と分裂を繰り返すことで適度の緊張と調和を得ていると考えるべきかもしれないのである。統合のみを重要視する場合は、そこからはみ出し、漏れていく部分が必ずあるのだ。統合という吸引力に対する人間の平衡感覚は分裂／分岐することでカバーされるとするなら、今日のように統合的な強制力が強い時代においてはできるだけ分裂をした方がいいということになる。

実際、日本において顕著に見られる社会的諸現象、すなわち学級崩壊、オタク化、引きこもり、殺人願望、集団自殺といった現象は、経済的理由が大きな要因の一つであるとしても、競争社会の抑圧、強者に対する一方的な賞賛、弱者に対する蔑視、あるいは弱者をさらにむち打つようなバッシング、また同情や連帯感や分かち合い精神の不在などが主要因になっているのではないだろうか。こうした抑圧は新自由主義的な特徴でもあり、統合の陰に排除の論理が働いているからである。つまり強者による圧倒的な管理と弱者の排除、抹殺である。それは社会に可変性がみられず、停滞し閉塞感が襲えば襲うほど、若者たちにとって、前途は希望や自信の持てない社会として映る。そして青少年の内向性が高まれば高まるほど、強権的な統合を発動していくことで、社会崩壊現象をなんとかくい止めたい、という思惑が、現在の日本の政治権力者たちの間で働いている。そこには、かたや表層的な「自由」を演出しつつ、かたや、強引に統合していこうとする自己矛盾が現れている。

フランス・ヨーロッパにおいては、社会的統制からはみ出そうとするかのごとくに、町中や鉄道の沿線に無数の落書き＝タグがみられる。これはフランスの国境を越え、ヨーロッパ中に広まっている。彼らは言葉にならない文字の羅列を表記する。むろんこれらの行為は禁止されている。警察はタグを描く若者を取り締まるのに大わらわだが、いっこうに衰える気配がない。それは単なる流行とはいえず、すべて統合し、コントロール・管理していこうとするヨーロッパ全体の社会統制に対する無意識的な反抗であり、こうした足かせに対するフラストレーションを内包した現実の投影とも言えるのである。

フランスの精神分析家・臨床医で社会運動家でもあったフェリックス・ガタリ(1)が述べたフュイット fuite＝漏出（杉村昌昭の訳語）は、まさに統合力を強化しようとする社会で必ず現出するタグのようなものを指しているのである。換言すれば、そもそも人間は分裂を必要としているのであり、統制不可能な人間の表現の一つとみることができるのではあるまいか。日本の場合は内向的現れであり、ヨーロッパのそれは外向的現れとみることができる。

グローバリゼーション問題に最も関与している日本の識者のひとり、前出の杉村昌昭は近著『分裂共生論』で、

「統合のプラス価値が謳歌される一方で、その反対語としての〝分裂〟という言葉の負の側面ばかりが強調されて来たのも、この間のイデオロギー的特徴だろう」と述べている。杉村は共生を分裂と連動させることによって共生そのものをプラスの価値に転化させることが重要だと主張する。共生、分裂という相反するものを結合させることで、グローバリゼーションの強権的統合を迂回させる回路を見いだせるとしたら、一つの新しい思考作業として注目してもいいのではないだろうか。

2 グローバリゼーションの実相

今日の物質的・科学技術的発展が、地球はひとつになったという漠然とした感じを広範囲の人々に無自覚的にもたらしたことは確かである。しかし、それは海外旅行、あるいはインターネット、携帯電話というコミュニケーション手段を日常的に使っている北側のわたしたちの主観的感覚であって、この当たり前になってしまった現実は、南側では必ずしも当てはまらない。ここでも持てる者と持たざる者の落差は歴然としている。しかし、前者が物質とヴァーチャルなコミュニケーションに吸い取られて、「生きている」という実在感を喪失しているとき、後者は確実に自然のなかに組み込まれて生きている人間の実在感を持っている。

いうまでもなく、グローバリゼーションは何よりも経済面で確実に実現している。コミュニケーションの世界化はその副産物である。そしてその副産物を媒体にして非物質的な産業、すなわちサーヴィス産業が北側では六〇％以上を占めるに至っている。軍事通信技術から派生したデジタル技術によるインターネットを中心として、いわゆるＩＴ革命が破竹の勢いで進行している背景には、北側の経済的要請が伴っているからである。こうした情報科学技術と経済の相乗効果を伴った世界規模の資本主義が私たちの一般的にいうグローバリゼーションの意味である。

そのようなグローバリゼーションの意味を象徴的に表す今日の世界的実業家パーシー・バーネヴィック(2)の言葉を引用しておこう。

「グローバリゼーションとは、私のグループ企業にとっては、そうしたい時に、そうしたい場所に投資し、作りたいものを作り、買いたいと思う所から買い、売りたいと思う所に売り、しかも労働法規や社会的協定による影響ができる限り少なくてすむ、そういった自由を享受することです。」

この言葉が今日のグローバリゼーションの実態を余すことなく表している。つまり企業の利潤追求の論理をとことん追求できる領域を世界大に広げることである。そのための規制緩和であり、自由化なのである。企業がフリーハンドで活動できる環境を作ることである。

それに対して、「グローバリゼーションとは、経済発展を遂げた者に、さらに世界的権力が集中していくシステムである」と述べたのは、対極の立場を取るスーザン・ジョージ(3)である。


二〇世紀前半の経済人類学者カール・ポランニー(4)が想定していたように、現代は、福祉国家が〈無統制の資本主義〉に取って代わるという事態には、残念ながらならなかった。ポランニーは向上心のある人間の理性を信じたのかもしれない。だが、現代はむしろ時代を逆戻りして、十九世紀のような野卑な資本主義の時代に退行しつつあるように思われる。労働者の既得権は奪われ、労働条件は改善されるよりは後退しつつある。労働力の使い捨ては当然のこととなった。

この世界規模の資本主義は今日始まったことではない。西洋近代が始まったといわれる十六世紀中葉、主権国家が成立した時期にその源流を求めることができる。とりわけ、十八世紀後半から本格化した近代において、人間は資本主義的経済を元にした自由競争を万遍なく続けてきた。今から五〇〇年前に資本主義的な交易が奴隷制と共に始まったことを考えると、アントニオ・ネグリの「資本主義とは暴力的なものだ」という指摘は正しいと言うべきだろう。資本主義の出自からして世界を股にかけた植民地主義と密接に結びついていたのであるから暴力的以外のなにものでもない。

二〇世紀以降、国家による統制経済が旧ソ連など共産圏で行なわれたが、旧ソ連の経済統制の試みは失敗したばかりでなく、国家そのものが崩壊してしまったことは周知の事実である。その理由は必ずしも経済だけではない。冷戦構造と極端な軍事体制、国家の硬直した統合機能が、最低限の生活基盤まで潰してしまったことが最大の理由であろう。これによってソ連型の統制経済システムに対する信用が失墜した。以後、アメリカ合州国による一極化が進行し、アメリカ合州国による強力な世界統合の動きが「資本主義こそが〈唯一の思考〉であり、他の選択肢はない」と主張されるほどの潮流を作った。そして、〈グローバリゼーション〉が大手を振って歩き回るようになったのである。〈グローバリゼーション〉という言葉が浮上してきたのは、世界資本主義と言う必要がなくなり、それが当然の事実として公認される場を得たことと軌を一にしている。一九八〇年以降、レーガン・サッチャー時代以降の二〇年の激変は特筆に値する。一般に〈グローバリゼーション〉と言われる動きは一九八〇年代以降の事態を意味するのだと考えていい。そしてこの時から、世界中で、少数派である政治権力と資本およびそれに関わるエリートたちと、圧倒的大多数の労働者・一般民衆との目に見えない全面対決が始まったとみるべきだろう。

だが、グローバリゼーションという強力なイデオロギー装置は、あらゆる過酷な状況に対して、何の後ろ盾もなく自分一人で闘うことが〈すばらしく自由でかっこいいこと〉だと被雇用者たちに思い込ませようとしているのである。それが現時点ではある程度成功している。それは現代のすこぶる洗練されたコミュニケーション戦略のおかげである。そして仕事における自己管理、自己責任を不断に押し付けることによって、企業のための利潤追求をする作業以外には何もできない搾取構造を作り出している。それが今日言うところの合理化の意味である。

人間の欲望を管理することはきわめて難しい。自由主義を謳うマーティン・ウルフ(6)がほのめかしているように、自然発生的に、悪意なく自由競争を〈自由に〉やって来た成果が今日の状況だとするなら、大方の自由主義者が言うように「企業の発展によって大半が豊かになった」とはとても言えない。

例えば、現在、イラクにおいても、戦争の陰で規制をいっさい排除し、アメリカ合州国の多国籍企業が自由勝手に商売できるようにイラクの諸法律を占領当局が改悪し、ほとんどこれらの企業の独占市場と化していることは事実であり、悪意なき自由意志によるものとは到底言えない。ここにはアメリカ合州国の価値観の元にあらゆる国を統合しようとする政治的意志とともに、明らかに資本と連動して支配しようとするグローバルな意志が働いている。そもそもイラクにおいては、戦争そのものの一部が傭兵などによってすでに民営化されているのである。

しかし、このような資本主義を仮に正しいとしても、資本主義による世界規模の資源の奪取は確実に人間のみならず生きとし生けるものの生存環境を著しく悪化させてきた事実をどのように説明するのだろうか。また現に社会保障の諸条件は縮小され、不安定雇用は自己責任において維持していくしかない世界の過半数の労働者の具体的な現状を前にして、〈資本の発展によって、大半が豊かになる〉という主張を、どのように説明しうるのだろうか。また現在、国連データを駆使して検討してみると、世界の半分以上が欧米並みの物質生活をしたら(あり得ないことだが)、世界の資源が枯渇してしまうという現実を資本主義はどう説明するのだろう。否、世界の三分の二を貧困の状態にしておくことによって、残りの三分の一が豊かな生活をし得ているという現実をどう説明するのだろうか。新自由主義者やそのイデオロギーにスポイルされている人々からしばしば聞く答えの中に、「彼らは怠け者で働きたくないからだ」という代表的な回答がある。第三世界の人々、ホームレス、移民、難民など、彼らはある意味で、新自由主義の経済原理にのっとった働き方を拒否していると言うべきである。

資本の無限成長の原理は、単純に考えても資源の枯渇に行き着く。それは明らかに袋小路に陥ることと同じである。新自由主義的な経済政策が長期的展望をほとんど持ち合わせていないことを考えると、歴史的な根本問題の解決に何のヴィジョンも持っていないことがわかる。要するにその場その場の対応策だけなのである。生産主義に基づいた資本主義が支配的になっている現状で、長期的な展望を持てない、というのは将来に対する責任ある対処ができないということなのである。つまり、現在みられる工業化された産業形態を、このまま無計画に継続すれば自らの生産欲によってしたたかにしっぺ返しをくらうのは人間自身である。

いずれにせよ、今日ほど政治、経済が社会生活の全面を覆い尽くし、莫大な影響力を社会全体に及ぼすという事態は、元来、非市場社会においては、経済が人と人とのコミュニケーションの手段であったという関係性を、今日の市場経済至上の現代社会にあっては、全く転倒して、経済理念の一部にすぎない利益のみに重心を転移させた結果である。このような社会においては、物質や貨幣そのものはコミュニケーションの手段になるのではなく、支配／被支配の関係を強化するものとして用いられているのである。

3　グローバリゼーションの日本的展開

日本では、食料の六〇％以上を輸入品に頼っている。穀類の自給率は二八％、摂取カロリーにして四〇％にしかならない。その結果、ちょっとした貿易上のアクシデントで、例えばアメリカ合州国の狂牛病の問題で牛肉輸入にストップがかかって、話題になったある有名チェーン・レストランの牛丼も、アメリカからの輸入がないと売り物のメニューそのものが成立しない実情を明らかにしている。このような日常の環境においてもグローバリゼーションは懐深く侵入しているといえる。

多くの人々は、たとえ農業問題に関心があっても、食糧そのものが不足している現状ではないので、全く危機感を持っていないか、さもなければ、自民党のある議員たちのように、日本はサーヴィス産業に徹して、農業のような生産作業は他国に任せてしまえばいいのだとさえ考えている。このような傾向は、若者が「なぜ日本に農業がなければならないのか」わからないところまで認識の低下を招いている。こうした立場も経済が円滑で多国間関係がうまくいっている時に初めて言えることである。経済が破綻したとき、また食糧難になったとき、他国との関係がうまくいかなくなったとき、自給力のない国はどうするのだろう。また生物的生存条件と食物との密接な関係を断ち切ってもいいのだろうか。このように、市民に自覚がきわめて希薄なのは、農業問題に対する知識が決定的に欠落しているからという理由だけではなく、食と農と生命への生態感覚がほとんど麻痺しているからである。

ところで、グローバリゼーションは、労働においては労働条件の合理化を不断に遂行する上で、限りない疎外と抑圧をひき起こしている。日本ではアルバイトと呼ばれる臨時雇用があるが、制度として労働者の権利を十全に認めたものは少なく、今日ではパーシー・バーネヴィックの言を俟つまでもなく、雇用者にとって都合の良い状況、つまり〈使い捨て人間〉を常時、雇用可能にするために、あらゆる拘束（それは労働者の諸権利を守る労働法であったり、社会保障だったりするが）を取り除こうとしているのである。雇用者にとって、労働者が最低限の社会保障を受ける権利を保障するよりは、どんな条件であろうが最低限の賃金で人を雇え、不必要な時には容易に解雇できることができる環境がベストなのである。かくして不安定雇用が当然のこととして一般化しつつある。職を得ることが死活問題となっている労働者が、こうした事態に異議を申し立てることはすこぶる難しい。彼らには、どんなものであれ、仕事を得るという一点で必死だからである。こうした状況の中で産み出されてきた典型がニート、フリーターという存在だろう。つまり資本の雇用形態の合理化は、人間を利潤追求のために使いやすい人間と使い捨て人間とに分類する。ニート、フリーターは疑いなく後者の使い捨て人間にあたる。日本ではこうした人々を使う側が「勝ち組」、使われ捨てられる側を「負け組」と呼ぶ。このような分類比較こそグローバリゼーションの核心を示すものであり、これらは日本的な展開に他ならない。

先の総選挙（二〇〇五年九月）で焦点となった郵政民営化も、八〇年代以降のグローバリゼーションによる世界的潮流のローカルな展開なのである。ＷＴＯが推進するサーヴィス一般協定（ＧＡＴＳ）は、あらゆるサーヴィス産業の完全自由化をめざしている。公共サーヴィスもその一つにすぎない。公共サーヴィスの民営化は、新自由主義に依拠する北側諸国のどの国も目指して来たことだし、これからもＷＴＯを軸として推進されることだろう。このような推進の結果、何が失われることになるのかを犠牲となる民衆の側が実感できず、新自由主義のイデオロギーに飲み込まれて、自分もいつか「勝ち組」になることを夢見ている―だが決してその夢は果たせない―大多数の民衆の呪縛された脆弱さが明らかになる。

前段で前述した青少年の引きこもりや集団自殺などの問題やニート、フリーターの増大は、政治権力者たちの不安を増大させ、その反動としてますます統合強化をするという悪循環に陥っている。昨今の日本の政治状況は、そのような過剰な統合の意志がネオ・ファシズムへと流れ込んでいるのである。

4　フランスから起こった国際オルタナティヴ運動

以上のような認識をもとにして、それでは民衆の側からのもう一つの選択が可能かどうか、現在、変容しつつあるフランスの民衆的オルタナティヴの潮流を追いながら考察してみたい。なぜなら「世界社会フォーラム」を中心とする運動を牽引してきたのは、他ならぬフランス発の運動であったからだ。

前述してきた世界的な新自由主義の抑圧的な流れは、フランスにおいては徐々に、市民を覚醒させていく状況を作り出した。そのような異議申し立ての運動は一九六八年の五月にもあったが、八〇年代以降、とくに顕著になって来たのは、反グローバリゼーションの運動、今日ではオルター・グローバリゼーション運動と呼ばれているものである。この運動はフランスの異種混交的な市民団体「Attac France アタック・フランス」によるところが多い。この国際的なオルタナティヴ運動がなぜ発生したのか、テーマごとにその展開をみていこう。

(1) 労働者達の闘いの現場

「Attac France アタック・フランス」を中心とする反グローバリゼーション運動には、前史がある。まず、労働運動に目を向けてみよう。フランスの労働運動は、大きく分けると、社会党系のCFDT（フランス民主労働同盟）と共産党系のCGT（労働総同盟）という二大ナショナル・センターが中心になっている。それ以外に、社民的路線のFO（労働者の力）、さらにフランス・キリスト教労働者連合CFTC、そして最大の教職員組合の全国教職員組合FENなどが主流の運動であった。

しかし、八〇年代に入ると、社会党書記長フランソワ・ミッテランが八一年に大統領に就任して、左翼政権が誕生した。この政権は二期にわたって継続するが、政策面では社会民主的路線、すなわち現状の市場経済を否定せず、それに改良を加えていく立場であるが故に、現実面ではその改革主義路線は、保守党の経済政策以上に資本に有利な政策を遂行したのである。

欧米に目を移してみると、七九年に首相となったイギリスのマーガレット・サッチャーは、市場経済を重視し、「小さい政府」を標榜して、規制緩和、公共サーヴィス（ガス、電話、空港、航空会社）の民営化を断行し、アメリカのロナルド・レーガンとともに、新自由主義的政策を強力に押し進め、世界の経済の流れを大きく変えていった。サッチャーは、産業界から労働組合の影響力を取り除く政策を様々打ち出し、まさにイギリスの「福祉国家」という伝統を解体させたのである。レーガンは莫大な軍事支出と結びついた減税政策を敢行し、レーガノミックスと呼ばれた。（ちなみに日本では、当時の中曽根首相が自由化の壁になる国労を解体するために、国鉄の民営化を推進した。)

こうした国内外の資本に有利な情勢のもとで、しだいにCFDTは、改革主義のフランス社会党政権とともに右旋回を果たし、多くの労働争議で政府や財界に妥協する姿勢を強めていった。反面、すでに八一年にはラディカルな小規模の労働組合が集まり、こうした妥協を拒否していこうとする「グループ10」の連合が結成された。また八九年にはCFDTの左派約一〇〇〇人が指導部の弾圧に抗議し、脱退してフランス・テレコム(フランス電話公社)内に、SUD-PTT(Solidarité, Unité, Democratie:連帯・統一・民主の頭文字を取ったもの)を結成した。医療関係者はCRC(共闘・結集・建設)を立ち上げた。これらの新しい組合は、グローバリゼーションとともに世界中に吹き荒れている公共サーヴィスの民営化に抵抗し続けている。

九〇年代に入ると、不況・失業がよりいっそう増大し、労働者は就業の不安定化の中で、危機感を感じ始めていた。とりわけ九三年のエール・フランスのストを境に、ラディカル化する運動体と脱落していく運動体に分岐していった。九五年十二月、フランス国鉄を中心に公共部門の大ストライキが一カ月続き、交通機関がほとんど麻痺した。この時点で、ストに反対するCFDTは、スト破り組合として、内部の反対派からも激しい批判を受けた。CFDTの反主流派は「みんないっしょに!」派(トゥー・タンサンブル)を形成して、スト参加者の要求擁護運動に乗り出した。

社会学者アラン・トゥーレンヌ、哲学者ポール・リクール等は、左翼中道的な文芸雑誌である『エスプリ』にアピールを発表した。この声明は、新自由主義的なシンク・タンクとして有名なサン・シモン財団から支持を得た。その内容は、スト派にも首相ジュッペの改革案にも反対するという、CFDT事務局長ニコラ・ノッタの奇妙な中道姿勢への支持の表明であった。これに対し、社会学者ピエール・ブルデュー(7)は、デモや集会に積極的に参加し、公共部門維持の重要性を訴え、『エスプリ』のアピールに対抗する形で、スト労働者を激励し、物質的援助を行なうよう積極的に呼びかけた。フランス知識人も大きく分裂した。ともあれ、この大ストライキは、新自由主義的グローバリゼーションに対する、フランス国内における最初の記念すべき大きな抵抗運動だった。

(2) 農業の現場——農民総同盟

あらゆるものすべてが商品化されていくことに反対して、「世界は売り物ではない!」と言った農民総同盟のリーダー、ジョゼ・ボヴェの活動は、七〇年代にあったフランス中央山塊地方、ラルザックの農民による軍事訓練場拡張反対闘争の歴史抜きには語れない。すなわち、一九七三年、フランス中部にある中央山塊地方の標高六〇〇メートルの高原ラルザックで、付近のフランス陸軍演習場拡張計画反対に立ち上がった農民たちが、パリまで羊や牛を連れてデモし、計画阻止を勝ち取ったという闘争である。この農民運動を支援した多くの六八年世代の若者達がいたことを忘れてはならない。そしてそこに最終的に定着した若者も少なくない。以来、ラルザックは農民運動ばかりでなく、農業を中心としたあらゆるオルタナティヴ運動の拠点となった。その後の高速増殖炉反対運動、フランスによる新植民地主義反対運動などがよい例である。ジョゼ・ボヴェはラルザックに通いそこに定着して、この運動を引き継いだ。彼は八〇年代の後半に、仲間達とともに小中規模の農家を集めて、農民総同盟を結成した。それは今までの生産拡大一途であった近代農業を批判し、伝統的な農民農業を引き継いでいこうとする運動で、戦前まではフランス唯一の農業組合で、生産主義の近代農業を推進するFNSEAに反旗を翻した。

九九年八月、アメリカ合州国との貿易戦争で、ラルザックの特産チーズ、ロックフォールに対する合州国の重課税に抗議して、ラルザックの県庁所在地ミヨー市のマクドナルド店を解体した。マクドナルド店は、ジャンク・フードの象徴として、またアメリカ資本主義の象徴として解体されたのである。この事件でボヴェは逮捕され、裁判中に大集会がラルザックのミヨー市で行なわれ、五万人を越す支援者がすこぶるアクセスの悪いラルザックに集まった。二〇〇三年夏にも、二度目の大会が開催されたが、一〇万人以上の人々が集まった。多くの分科会が開催され、まさにオルター・グローバリゼーション運動のエネルギーを感じさせるものであった。ピエール・ブルデューもこの大会の分科会に参加し、グローバリゼーションに対抗する社会運動の必要性を訴えた。

その後、農民総同盟はボヴェを先頭に、GMO（遺伝子組み換え作物）の反対運動に特に力を入れて取り組んでいる。二度目の大会で、農民総同盟は、GMOの「不法刈り込み」行動に自主的に参加する希望者を募った。結果的には二五〇〇名以上が署名した。二〇〇四年夏には南フランスのメンヴィルで、八〇〇人近くが素顔で白昼堂々と、一〇〇〇人近い機動隊に監視されながら、遺伝子組み換えトウモロコシの引き抜き行動を実行した。こうした「不法刈り込み」行動はフランスの各地で展開され、参加者には、ジョゼ・ボヴェほか、農民同盟の有志たち、「緑の党」前党首ジル・ルメール、同党大統領候補だったベーグル市市長ノエル・マメールほか、多くの緑の党の議員や欧州議会議員、地方自治体の首長、「グリーンピース」の活動家などがいた。その後、主要なアクターのみが起訴され、トゥールーズの地方裁判所で初公判が十一月八日に行なわれた。被告側は、引き抜き行動に参加した者全員が、同じように起訴され裁判を受ける権利があると主張したが、これが認められるという「勝利」を獲得した。ジョゼ・ボヴェは、とりわけ、文明的な根本問題が問われているときに、民主的議論さえ行われずに、物事が少数の政治・行政責任者達によって決定されていくことに反対して〈市民的不服従〉を実行すること、すなわち、市民がすべき行動の義務と正当性とを訴えた。

(3) 底辺からの視点――「持たざるもの」たちへの支援運動

フランスに来ている移民労働者で、滞在許可や労働許可を持たずに働いているもの、すなわち「持たざるものたち」（サン・パピエ）の運動は、九四～九五年以降の社会運動を彩る大きな主題でもあった。彼らのほとんどすべてが移民出身者たちである。

サン・パピエはフランスにおいて、最底辺にいる人々であり、彼らの地平から社会を見直すことを通じて、社会変革の根本的な問題を問い直し始めたことが、ある意味でフランスの社会運動の活性化に繋がったのである。サン・パピエの不法移民者処置法「ドブレ法」に反対するアピールに、無数の映画監督や知識人が署名し、新聞でアピールした。また、九四年の冬にパリ・ドラゴン通りの空き家を占拠した「住宅への権利協会」（DAL）やそれを支持した多くの著名な文化人・知識人がいた。

九六年六月に三〇〇名のアフリカ系サン・パピエがサン・ベルナール教会を占拠し、身分の正規化を求め、結局は多くの市民に支援されながらも、ジュッペ首相・ドブレ内相の決断で機動隊が導入され、暴力によって強制排除されたことは、フランス国民全体に衝撃を与えた。これらの運動を支持し、移民や持たざる者たちの権利を擁護する「権利に向かって直進！ 協会」（Droit Devant!!）やDALの運動は、「社会の亀裂」と呼ばれるほど、社会現象として注目された。これらの運動には知識人が多く参加している。医者で厚生大臣も務めたレオン・シュワルツェンベルグ、ガイヨ神父、産婦人科医アルベール・ジャカール、原爆に強く反対してきた世界的自然科学者テオドール・モノー、その他多数の影響力を持つ識者を支援者に得ている。彼らの運動はまたメディアを上手に使って宣伝さえしている。こうして、今やサン・パピエ運動は、アフリカ系のみならず、アジア系や様々な国籍を含む人々に広がりを見せている。

こうした市民団体や失業者団体「AC！：Association des Chômeurs（アッセ！ と発音。フランス語で「もうたくさん！」の意を重ねたもの）が、労働者デモの最前列にそろって行進したことは、労働運動と市民運動の新しい連帯行動が成立した表われでもあった。またAC！がSUD等と共に立ち上げた「反失業ヨーロッパ行進」が失業問題をヨーロッパ全体の課題に押し上げた。そしてこれらの社会運動に対する対応の悪さが、ジュッペ政権の崩壊につながったのである。

こうして底辺の運動がフランスの労働運動とも結合し、最も先鋭的な意識でグローバリゼーションをとらえ、次に述べる「Attac France アタック・フランス」や反戦・平和運動と結びついて大きな反グローバリゼーション／オルター・グローバリゼーション運動に発展していくのである。

(4) オルター・グローバリゼーション運動の中心――「Attac France《アタック・フランス》」

話を最初に出てきた「Attac France《アタック・フランス》」に戻そう。この市民団体の生い立ちは、すこぶるハイブリッドな混成物である。ここには、長年運動してきたが、九〇年代後半から分裂した、改革を求めるラディカルな労働運動体SUDも含まれているし、ジョゼ・ボヴェ率いる農民総同盟も参加しており、さらに様々な市民団体・個人も参加している複合体であるからだ。政治思想にも非常に幅がある。そのような振幅を受け入れる容器として創られたからである。

創設の具体的契機は、知的階層に支持基盤のある左派系月刊新聞『ル・モンド・ディプロマティック』編集長イニャシオ・ラモネのアピールである。同紙編集部は、しばらくオルタナティヴな市民団体創設の可能性を探っていたが、九七年十二月号に、ラモネが「市場を非武装化すること」と題する社説で、「……今や、地球規模で、市民を支援するためのトービン税導入を求める行動（Action pour une Taxe Tobin d'Aide aux Citoyens＝ATTAC）を非政府組織（NGO）として創設しなければならないのではないか」と呼びかけたからである。これが契機となって、『ル・モンド・ディプロマティック』編集部を仲介役として、多くの組織が接触を取り合い、編集部が会合を呼びかけて、話し合いがもたれた。そして、一九九八年六月、「Attac」が創設された。

創設されて瞬く間に、フランス国内には二五〇以上の地域委員会が出来、会員数は二万五〇〇〇人以上になる。そして、今や世界五一カ国にAttacが設立されている。登録上はNPOだが、国際NGOである。各国と連絡を取り合って統一的な潮流を創ろうとしているからである。しかし、日常の活動は統一的行動を常に取るよりは、様々な自主自律路線で主体的に取り組んでいる。それは、末端の地域委員会に至るまで、自主管理、自主運営は変わらない。「Attac」の運動体は、各委員会を中心に、それぞれが独創的な運動を繰り広げることがいわば自明とされている。

「Attac」の活動の中心課題は、アメリカの経済学者ジェームス・トービン(8)の提唱した課税案、金融取引に〇・一%の課税をしようというものである。だが、新自由主義によるグローバリゼーション全体をおおう問題も、もちろん課題なのである。なぜなら、それらは横断的に結びついているからであり、そのため、グローバリゼーションが社会にどのような影響を及ぼしているのか、経済・産業・軍事・社会・政治・外交・福祉・教育など多角的、横断的な視点から研究討議が必要なのである。さもなければ、グローバリゼーションの実態はつかめない。

ところで、副代表をつとめるスーザン・ジョージの言葉を借りれば、「Attac」は「民衆教育」の場として創設された。各地域委員会は様々な会合を行ない、複数の課題を討議する。場合によっては、映像・映画を教材にしながら議論を深め、講師を呼んで討論会を催すときもある。それはいわば、最近フランスで流行の「哲学カフェ」や「文学カフェ」と似ていることもあれば、厳密な講演会であることもある。

フランスには、民衆教育のすばらしい伝統が残っている。十九世紀には各地で様々な形の民衆教育が行なわれ、それがフランスの百年以上の歴史を持つNPO活動を深めたことは疑いない。市民社会が全体としてパワーと圧力を持ちうるためには、一人一人の市民の知識の研磨とその知識に即した実践が大きなキーポイントとなる。学識者はこうした場に、自らのノウ・ハウを提供し、議論を活性化させる。相手は専門家であるよりは、広義の意味での一般市民や労働者である。そのため、専門的な問題をわかりやすく話す能力が要請される。聴衆者達の感性が理解できなくては、話は進まない。具体的な事例や物事を通して説明できる能力が必要とされる。

しかし、急進的なグループの一部は、討論ばかりしていないで、政治的な姿勢を打ち出すべきである、と要求してくることもある。しかし「Attac」は、政治団体ではないから、すべての物事に、政治的態度を取らない。様々なアピールに署名することもあれば、しない時もあり、他の一つの課題だけを掲げて闘っている市民運動とは性格をまったく異にする。様々な相違を持った組織が集合している「Attac」においては、それが分裂せずにいるための秘訣でもある。もうひとつの世界を構築するため、新自由主義的グローバリゼーションに反対する、という大テーマ一点だけで、まとまっているのである。

「Attac」では、多くの大学人や研究者が参加し、学術委員会を構成している。彼らは、問題点を論議し整理し、運動に役に立つ基礎知識を書籍の刊行などによって提供している。経済学者は、社会的経済あるいは「連帯経済」と呼ばれるオルタナティヴ経済の展開の可能性を研究し、ＷＴＯや、スーザン・ジョージが「恐ろしい双子」と呼ぶＩＭＦ・世界銀行の政策や活動に対して、精緻な批判的分析をしている。そして、それらの論考を読むならば、金の貸し借りを行なっているにすぎないとしか認識していなかった人々も、これら諸機関が実は今日の世界経済に絶大な権力を振るい、決定的な影響力を行使していることを理解するのである。

例えば、南側の開発途上国は莫大な借款を受け、利子が累積していき、最終的には返済できない状態、すなわち国家的な破産に追い込まれる。こうした状況に応えるために、ＷＴＯやＩＭＦ、世界銀行が貢献しているのである。ＷＴＯは、ＯＥＣＤが秘密裏に行なってきて失敗した「多国間投資協定」（ＭＡＩ）の準備を引き継いで、その大半をＷＴＯの「サーヴィスに関する一般協定」（ＧＡＴＳ）として提出している。ＷＴＯは、様々な形でＭＡＩを完成させようとしているのである。世界の経済に決定的な影響を与えるこれらの諸協定の大半が、一般の市民たちにはほとんど知らされることなく、一部のテクノクラートたちの手中で決定されていく。このようにして、経済が政治と連動して、実は他に選択の余地のないほど私たちの暮らし方を圧迫しているのである。

世界化した運動――『世界社会フォーラム』

一五年前にはマージナルだと言われてきた様々な社会運動が、今や新しい結合をはじめ、世界の各地で巨大な異議申し立て行動を巻き起こしている。

一九九九年十一月三十日から十二月三日まで行なわれた合州国のシアトルでの世界貿易機関（ＷＴＯ）閣僚会

議の際、一〇万人による抗議行動が会議の趨勢を変え、その結果、シアトル会議を失敗に終わらせたことが反グローバリゼーション運動の出発点と言われていることは周知のことである。その後、あらゆる国際サミットやWTO閣僚会議には、必ず市民による対抗ミーティングと反対デモが組織され、数万人規模の参加者が世界中から集まるようになった。そしてそうした異議申し立てを受けることなく開催されるサミットはあり得なくなった。

二〇〇一年六月、スウェーデンのイェーテボリでの欧州首脳会議では数万人、同年七月のイタリアのジェノヴァでのG8サミットには二〇万人以上が抗議デモに参加した。これらの巨大な抗議行動の際に、前者では十九歳の青年が腹部を警官に撃たれて重傷を負い、後者では二三歳の青年が警官に射殺された悲劇があった。イェーテボリでは、騎馬隊や警官による過剰規制があったし、ジェノヴァでは、過剰な暴力的弾圧警備があった。だが、全体として抗議行動の非暴力主義は一貫している。にもかかわらず、会議に反対する非暴力デモに対する主催国家の武力弾圧は、欧米でも日本でも厳しさを増してきており、新自由主義グローバリゼーションの体質の一端を明らかにしている。最近ではこれらのデモを恐れて、人里離れたアクセスの悪い場所を選んでサミットや閣僚会議が開催されるようになってきている。人々の目を忍んで開催される国際会議、しかも世界中の人々の生活を左右するような重要な決定がなされる重要会議が秘密裏に開催されなければならない理由は何だというのだろうか。

ところで、「世界社会フォーラム」は「世界経済フォーラム」に対抗するために市民の側が作った会議である。後者はスイスのスキーのリゾート地として世界的に有名なダボスで開かれる。トーマス・マンの書いた『魔の山』でもおなじみのところだ。ここには世界中の大企業の社長やCEO、各国政府の首脳クラス、国際組織の幹部やときにはいくつかの保守的な労働組合の幹部、NGOの有名人や芸能界のスターたちまでが集まる。この会議で、世界の経済界の大物達だけで世界の物事が決定されて行くことに対して異議申し立てをするために、「Attac」や他のグローバル・ジャスティス運動は、同じ冬の時期に、しかも地球の南側で「世界社会フォーラム」を開催しはじめたのである。それが、初回は二〇〇一年、ブラジルのポルト・アレグレで開催された「世界社会フォーラム」である。以来、毎年ポルト・アレグレで開催されているが、昨年は会場をインドのムンバイに移し、一五万人の参加者を集めた。この社会フォーラムはあらゆる社会・政治運動の世界的連合に弾みを付けたのである。こうして、その後のあいつぐ「世界社会フォーラム」や「欧州社会フォーラム」での巨大な盛り上がり、この世界的運動がターゲットにしているWTO閣僚会議やG8サミット、あるいはスイスはダボスでの「世界経済フォーラム」などがある度に組織される大きな抗議行動については、欧米のメディアは無視できなくなっている。

また、世界フォーラム以外に地域フォーラムも生まれ、欧州では数度開催されているし、アジアでもムンバイ以降、行なわれるようになった。また、二〇〇一年九・一一以来、アメリカによるアフガン戦争やイラク戦争のせいで、反戦運動、平和運動までもこの大きな潮流に合流し始めている。顕著な例がパレスチナの支援運動である。

この盛り上がりに押されてか、欧州の既成左翼政党も社会フォーラムへ代表を送り込んだりしている。実際、この新しい潮流は、従来の左翼や労働運動の枠をはるかに凌駕した結びつきから成り立っている。それは、以前には、およそ共闘など不可能だった様々な質の異なる組織が重なり合い、連なり合いながら運動の環が増殖され、非常に幅広い統一的な運動を展開できるようになったからである。

5　結びにかえて

以上、フランスを中心にした欧米のオルター・グローバリゼーション運動を考察してきたが、こうした欧米の運動を日本の現在の社会状況の中でどのように活かすことができるのだろうか。

いうまでもなく、ヨーロッパにはヨーロッパ近代固有の歴史があり、民主主義、主体、パブリックという概念がそうした歴史のなかで生まれ、展開してきたことは周知のことである。市民による非営利団体活動（アソシエーション／アソシアシオン＝日本におけるNPOに近い）は一〇〇年以上の長い伝統と経験の蓄積がある。全く異なる歴史を持ち、NPOのようなアソシエーションの活動歴が浅い日本の現状において、ヨーロッパの諸団体のノウ・ハウを直接、適用できるはずはない。しかし、それらの経験から学べるものは少なくないはずである。

最後に、日本の現状突破のためにいくつか基本的な問題点を提出しておきたい。

論争の閉塞性からの脱却

戦後直ぐに、マルクス主義者の思想家梅本克己を中心にした主体性論争があった。その後、政治学者丸山真男は日本の政治思想史を研究しながら公的なものと私的なものについて思索し、戦後日本に違和感を抱き続けた。しかし六〇年安保までは知識人の論争と民衆の間にはまだ相互交通があり、国家と民衆との間に少なくともヴィヴィッドな関係があった。だが、七〇年以降、そのような関係は衰退して行った。

近年においては加藤典洋と高橋哲哉が行なった敗戦後論／戦後責任論を巡る論争があった。この中でも日本人にとっての主体性についての論争もあったが、それらの論議はある一定レベルの識者達に関心を持たれた論争ではあっても、社会的に幅広い反響があったとは言えず、相変わらず研究者、知識人、労働者、学生・若者は、それぞれの領域の中で閉塞し分断されたままの状態、いわゆる丸山真男が指摘した『タコツボ』型の社会構造のなかにとどまっている。

日本における困難は、多くの論争が、それらが発生している特定領域の関係者間に共有されるものであっても、そこから外部の世界に派生、伝播することが少なく、様々な社会階級を横断する問題意識の共有を作り出せないことである。知識人の多くの論考は大半があくまで抽象的な論理の研磨に向けられており、それらの理論を実践して行くための運動論とはなっていないし、実践論として社会変革の契機がそれによってもたらされるような発想そのものが欠如している。

例えば、七〇年代以降の日本の最大の欠陥は、大学生を含む青年層、労働者・社会人層、主婦を中心にした女性層、研究者・大学人といった知識人層などとの相互浸透的な関係が希薄なことである。ほとんど分断状態といっていいような、相互交通がない状態にとどまっているのである。知識人層と学生層の間には何らかの依存関係、利害関係が成立しているが、そこで行なわれる論争・論議は、学界／アカデミー内の特異な現象としてしか機能していない。いくつかの論考が流行現象のように注目、喝采を浴びることはあっても、他の領域に浸透し、一定の社会的インパクトを持つことは稀である。あらゆる領域が私的空間として閉鎖的なものになっているのが現状である。私的空間に自閉した個人は、後は国家権力に汲々と従うのみである。その原因は何にあるのか、精緻な分析が多面的、横断的になされるべきだろう。

もう一つの問題点は、理論を実践する際の欧米と日本のあいだの落差である。科学技術のように社会思想や哲学は普遍的にどこでもすぐ適用できない。日本の研究者、大学人の多くは、欧米の知識や思想から学んでいる。そしてそれらの思想があたかもヨーロッパにおけるのと同じように、日本においても有効だと信じているようである。欧米とは全く異なった歴史背景と政治・社会状況を持った日本において、これらの考え方が有効であるとするならば、それらに示された考え方が日本の現実のどの部分に関係し、どのように関わり、またどのように実践が可能か、分かりやすく説得力のある形で幅広い人々に示す必要があるだろう。

以上のような問題点からも、日本が未だに西欧近代を十全に経験していないという批評が成り立つが、このテーマは主題からはずれるので他の機会にゆずりたい。

公共空間を奪い返すこと

一つはっきり要約できることは、公共空間の喪失である。社会階級や階層、職業分野などそれぞれが私的な領域としてますます自閉して行く現象が戦後ずっと継続してきた現象であることは明白である。八〇年代のバブル経済崩壊以降ますます内向し、社会的なスローガンを抱えたデモさえも、ほとんど私的なデモとしてしか見なされない。各領域、階層が個室化されているから公共空間が持てない。すべてが私的な空間としてしか社会の中で受け入れられないのである。こうした公共空間の不在のなかでは、公共サーヴィスの解体＝民営化ということさえ、当たり前なこととしてしか理解されない。論議が様々な次元・領域で共有されるためには、公共空間を奪い返すこと、いいかえれば再創出が決定的に重要である。

今日の小泉政権が主張している「小さな政府」は、サッチャー政権が掲げて以来行なわれている自由化の流れで、目新しいことではない。それは権力の集中ということに他ならない。政府を小さくしておいて国家権力を増大させているからである。この国家は、昔から言う「お上」という権力ではあっても、パブリック＝公共ではない。テレビやラジオが公共空間の擬制を作っているにすぎないのである。この「小さな政府」は公共空間をますます崩壊させている。議論も充分に行なわず、強権的に物事を決定し、異論はすべて排除して行くという手法はファシズムに近い。あらゆるものの民営化とは公共空間の否定に他ならない。公共空間を崩壊させているということは、民主主義をも崩壊させているということなのである。国家が共和制であれば、国家の存立基盤そのものの否定でもある。日本は共和制国家ではないが、民主主義を標榜するなら、それに近い政治的、社会的条件を整えるべきだろう。

アソシエーション活動を活性化させること

他方、市民運動のレベルでいうなら、個別に分断されただけではなく、他の団体やグループを中傷批判し合うことに多くのエネルギーを注いでいるケースがしばしば見受けられる。他の諸団体と連帯して運動を広げて行くことが苦手である。公共空間の不在もその困難さの一因となっているだろう。その点で、市民の側である様々な分野の人々が、こうした分断状態を切り崩し、公共空間を再創出して行く努力が何よりも急務なのである。公共空間なくしては有益な論議は生まれない。議論なくては、連帯は形成できない。連帯がなくては今の専制主義的、帝国主義的な新自由主義に対抗できないのである。そして連帯を社会的に形成するのは、国家と個人（私）の間で中間項的な役割を果たす市民団体（NPOやNGO）の活動に負うところが大きい。なぜならこうした中間項の組織の活動こそ、公共空間を押し広げる最も力強いパワーであるからである。日本はアソシエーション活動が軟弱であるし、欧米から見ても遅れを取っている。しかし、私たちは私たち自らの活動を蓄積させながら、自分たちでNPO活動を活性化させる以外にないのである。それは、民衆がオルタナティヴを獲得する有効な道筋の一つにまちがいない。前述したように、長い歴史を持つヨーロッパの市民団体の活動の幅の広さと経験の深さは、この点においても日本では考えられない連携と連帯を獲得している。このようなフランス・ヨーロッパの潮流は日本の民衆運動にとってもきっと多くの示唆を与えてくれるはずである。

むろん、NPO法人の成立が公共空間の成立でないことは言を俟たない。あるNPOは政府や権力によって恣意的に設立されることもあるからだ。しかし、いずれにせよ、このような市民による主体的、自立的な組織の内側で討論することを学び、それを開かれた空間＝公共空間で実践していくという主体性を回復させていくことが重要なのである。それは、他者を認知し、他者達と協働する契機となり得るからである。そしてそれらの諸団体が、横断的にネットワークを組めるようになったとき、初めて市民社会としてのパワーを社会の変革のために発揮することが可能になるだろう。

（本稿は、『情況』二〇〇五年一＋二月号に掲載された拙著「世界市民こそ二十一世紀を変革する」の基本的ラインとデー

タを部分的に援用しながら、改稿、整理し、執筆したものである）

（1） Félix Guattari（一九三〇―一九九二）精神分析家、哲学者。パリ郊外のラ・ボルドで精神科医たちとともに開放型の精神病院の経営に携わる。ジャック・ラカンの影響下にあるパリ・フロイト派に属す。診療のかたわら、哲学的な著述を数多く発表。なかでも一九七二年ジル・ドゥルーズと共著で発表した『アンチ・オイディプス』で注目を集め、〝ポスト構造主義〟の先駆けとなった。社会主義と資本主義、二つの体制を精神分析的な方法によって分析し、〝スキゾ（分裂型）〟や〝リゾーム（地下茎）〟など独特な概念言語を提起した。著書に『精神分析と横断性』（一九七四年）、『分子革命』（一九七七年）、『機械状無意識―スキゾ分析』『精神と記号』『三つのエコロジー』、ドゥルーズとの共著で『カフカ』（一九七五年）、『政治と精神分析』（一九七七年）、『哲学とは何か』（一九九一年）などがある。晩年は環境保護運動や緑の党員として活動していた。一九九二年講演のため来日。

（2） Percy Barnevick 一九四一年生まれ。一九八〇年、三十九歳の若さで当時大企業病にあえいで低迷していたアセア社の社長兼CEOに就任、一九八九年にスイスのブラウン・ボベリ社と対等合併し、社名をABBに変え、世界に二二万の社員を抱える巨大企業へと発展させたが、同時に、本社の社員をわずか二〇〇人とし、世界に分散する支店網を五〇〇〇ものプロフィットセンターとして独立採算制にするという驚くべき合理化を実施したことで一躍世界にその名が知れ渡った（日経ベンチャー・経営者クラブ Onlinehttp://smallbiz.nikkeibp.co.jp/free/RASHINBAN/20040618/105028/ から）。

（3） Susan George: Transnational Institut 副所長、Observatoire sur la globalisation 代表、Attac France 副代表。『世界の半分はなぜ飢えるのか　食糧危機の構造』（朝日新聞社、一九八四年）以来、日本でも債務問題の専門家として影響を与えたが、今日では、多国籍企業、食糧問題、WTO などの問題を鋭く警告している。『債務危機の真実―なぜ第三世界は貧しいのか』『債務ブーメラン』、『世界銀行は地球を救えるか』、『ルガーノ秘密報告―グローバル市場経済生き残り戦略』、『WTO徹底批判』、『オルター・グローバリゼーション宣言』など著書多数。

（4） Karl Polanyi（一八八六―一九六四）は経済人類学の創始者。ウィーンのユダヤ人の家に生まれ、ハンガリーのブタペストに育ち、イギリス、アメリカなど亡命の旅をしながら活躍、カナダに没した。弟のマイケル・ポランニーは科学哲学者・社会学者。

（5） Antonio Negri 一九三三年、イタリアのパドヴァ生まれ。父はイタリア共産党創立メンバー。ネグリが二歳の時、ファシストに惨殺される。一九五六年『クァデルニ・ロッシ』（赤い手帖）に参加。マッシモ・カッチャリなどと共に『労働者階級』を創刊。六〇年代には、イタリア新左翼の労働運動の理論的指導者として活躍。「大衆化された労働者」「労働の拒否」などの新しい概念を生み出した。七〇年代に入ると、それ以前の伝統的産業労働者とは違う形で抵抗を始めた女性・学生・貧民・失業者・市民らの新しい社会運動を理論的に統括し、アウトノミア（自律）運動を起こし、指導的人物となる。

一九七九年、元モロ首相誘拐暗殺事件の共犯者として逮捕。フランスに亡命。以後一四年間をパリで過ごす。国家転覆罪により有罪判決を下されていたネグリは、収監を覚悟の上でイタリア帰国。五年間の下獄を経て釈放。季刊誌「Posse」を主宰。反グローバリズムグループと共に月刊誌『グローバル』を発行。

二〇〇〇年、マイケル・ハートとの共著『帝国』を刊行。反グローバリズム運動に大きな影響を及ぼす。

ネグリは、今日まで、イタリアのパドヴァと、ウルム街のエコール・ノルマル（高等師範学校）、パリ第七および第八大学、そして国際哲学院と欧州哲学大学で教鞭をとる。

（6）Martin Wolf 元世銀エコノミスト、現在、『ファイナンシャルタイムス』の論説委員・チーフコメンテーター。ウルフのコメントは世界の金融業界に大きな影響力を持つといわれる。

（7）Pierre Bourdieu（一九三〇—二〇〇二）高等師範学校卒。アルジェリア時代を経て、社会科学高等研究院教授・研究主任、教育文化社会学センター（現・ヨーロッパ社会学センター）主宰。一九八一年からコレージュ・ド・フランス教授。超領域的雑誌『社会科学研究学報 Actes de la recherche en sciences sociales』、言語横断的書評誌『リベール』を責任編集。ブルデューは〝再生産〟〝場〟〝ハビトゥス〟〝卓越化〟など、新しい社会学的概念を定義した。とりわけ、場（champs）を生成変化する運動としてとらえ、それをダイナミックに記述することによって、社会全体と個人の関係を同じ次元でとらえることを可能にした。代表作に、『ディスタンクシオン—社会的判断力批判（1・2）』（藤原書店、一九九〇年）『資本主義のハビトゥス—アルジェリアの矛盾』（藤原書店、一九九三）『芸術の規則（1・2）』（藤原書店、一九九五年—一九九六年）など。

（8）James Tobin（一九一八—二〇〇二）一九一八年イリノイ州シャンペン市生まれ。一九三九年ハーバード大学卒業。一九四九年ハーバード大学Ｐｈ．Ｄ。一九五〇年イェール大学準教授、一九五五年教授、一九五七年同大学スターリング・プロフェッサー、一九八八年同名誉教授。一九六一—六二年、ケネディ大統領の経済諮問委員会委員を務める。一九八一年ノーベル経済学賞を受賞。研究範囲は、マクロ経済学、ミクロ経済学、貨幣金融論、財政、国際金融など。

ウィリアム・バロウズは地域通貨の夢を見るか？

――紙幣に見るアメリカのグローバリゼーションとオルタナティヴ

秋元孝文

とある著名な銀行家の子弟がかつて話してくれたことがある。一族の子供が大きくなってある程度の責任やものの道理がわかるころになると、屋敷の中のある部屋につれていかれるそうだ。そこには壁一面に一族の肖像画が飾ってあって、そのまんなかには金色に輝く装飾つきの便器が置いてある。彼は毎日ここにきて家族の肖像に囲まれて排泄する。金（かね）はクソだって気づくまでね。じゃあ、金《かね》のシステムはクソをひり出すために何を食べるんだ？　それは若さ、自発性、生命、美しさ、そして何よりも創造力を食[1]うんだよ。

――ウィリアム・バロウズ（『お仕事』七三―四、傍点部は原文イタリック）

ウィリアム・バロウズ（一九一四―九七）の肖像が載った紙幣があると聞いたら驚くであろうか。紙幣とはたいてい偉人を好むものであり、その紙幣を発行している国家の正史に貢献した歴史上の人物や政治家の肖像を掲げるのが常である。現行のアメリカ合衆国ドル紙幣を見ても、紙幣の表面に肖像画が載っている人物はジョージ・ワシントン（一ドル）、トマス・ジェファソン（二ドル）、エイブラハム・リンカーン（五ドル）、アレクサンダー・ハミルトン（一〇ドル）、アンドルー・ジャクソン（二〇ドル）、ユリシーズ・グラント（五〇ドル）、ベンジャミン・フランクリン（一〇〇ドル）と、歴代の大統領を中心とした政治家の顔が並ぶ。[2] もしバロウズがこの面々の中に入っていたとしたら面白いのだが、残念ながらそうではなく、バロウズの肖像が載っているのは、アメリカの法定通貨ドルではなく、カンサス州はローレンスという町の地域通貨、リアルダラーである（図1）。しかし、たとえ地域通貨とはいえバロウズほど紙幣に肖像が載るのがふさわしくない人物もいない。バロウズといえば、のちにデイヴィッド・クローネンバーグ監督によって映画化された『裸のランチ』（一九五九）などでも有名な、文学史的にはビート作家たちの兄貴分的な存在ということになるが、彼が有名なのはむしろ作品じたいよりもその常軌を逸した実人生ゆえである。ドラッグ中毒のうえに同性愛者、実の妻を誤って射殺した、などスキャンダラスなエピソードには事欠かない。バロウズの人気はある種のイカれたアウトローとしてのものであり、その人生は前述のアメリカの「正史」を紡ぎ出した政治家たちとは対照的である。前述の政治家たちがアメリカというシステムを作った偉人たちだとしたら、バロウズはそのアメリカというシステムにNOを唱えつづけ、いささか強迫観念めいた思想で対抗しつづけた変人である。

図1　バロウズの肖像が載った3ドルリアルダラー紙幣

だが、紙幣の表面に肖像を掲げられる人物としては、バロウズには不適切な印象があるが、それはまさしく国家によってつくられた公式の通貨が、いかにシステムとして完成しているかの証左でもあろう。我々はそこにバロウズの肖像を置き得ない。そこにはアメリカという国家システムの完成に貢献した人物が載るべきである。なぜなら紙幣とはそのシステムを強化するためのメディアであるから。しかし、同じ紙幣であっても地域通貨は違う。それはグローバル化し巨大になりつづける資本システムに対抗し、そこに取り込まれないための防衛策である。ならば、バロウズの思想はむしろ地域通貨の持っている思想に近いものとして読むことができ、リアルダラーの表面に彼の肖像が載っていることもむしろ適切なような気がする。

本論は、このバロウズの肖像が載った地域通貨リアルダラーをきっかけに、通貨システムとグローバリゼーション、そのシステムを乗り越える手法について考える試みである。アメリカにおける紙幣の歴史とその誕生に貢献した一人の人物を振り返り、そしてドルが世界の通貨となりグローバリゼーションの名のもとに世界市場を席巻していくなか、貨幣を基にした自由市場経済に対するオルタナティヴの可能性を考えるとき、我々はこの一枚の紙幣に何を読み込むことができるのか。我々がいまや無批判に自明のものと受け入れてしまっている「お金」というシステム、その自明性を疑うことをバロウズは手助けしてくれるであろう。そして、巨大化し自己増殖を繰り返す怪物になってしまった市場システムについて、見直す機会を与えてくれるだろう。

1　アメリカと紙幣
――ベンジャミン・フランクリンとアメリカ的（そしていまやグローバルな）自己の誕生

アメリカ（正確にはのちにアメリカ合衆国となる地域）は西洋ではじめて、公共の行政部によって紙幣が発行された場所である。最初の紙幣は一六九〇年、マサチューセッツ植民地で七〇〇ポンドが発行され、十八世紀を迎えるころにはほかの植民地もこれに追随した。もちろん紙幣以前には、インディアン・コーン、タバコ、毛皮などが貨幣として用いられ、それらの品物の交換比率も公式に定められていた。(3) 貨幣の発生起源の説明として、

「交換経済の不便さを解消するために貨幣が生まれた」ということがよく言われるが、しかしアメリカで紙幣が発行された背景にはこういった交換経済の不便さを解消するということよりも、戦争に従事した兵士への支払いをしなければならないという事情があった。マサチューセッツの場合もそうであったし、のちに大陸通貨（Continental Currency）が発行されたのも、独立戦争の戦費をまかなうためであった。実際、アメリカ独立戦争は歴史上初めて紙幣のみによって財政を支えられた戦争であったといわれている。(4)

ただし紙幣はいまだ目新しい発明であり、大陸通貨は十分な信用を勝ち得ず、またイギリスによって大量の偽札が作成されて流入したこともあいまって、急激なインフレに見舞われ、一七八〇年には銀一ドルが大陸通貨四〇ドルという交換比率まで下がってしまう。そして、これに懲りて独立後の合衆国政府は紙幣の発行をやめ、南北戦争まで紙幣発行の自由化時代が続くことになる。

また、新大陸で紙幣が発行された背景には、正金（金銀などの貴金属による貨幣）の慢性的な不足という要因もあった。植民地ゆえに、第一次品を生産し、それを原料にして、本国イギリスでつくられた加工品を、貨幣を用いて買わねばならず、正金は流出しても流入しないしくみになっていた。

そういった背景からアメリカでは紙幣が誕生したのであるが、その誕生に大きくかかわっている著名な人物がいる。それがベンジャミン・フランクリンである。

フランクリンといえば、アメリカ独立宣言の起草者として名を連ねる政治家であり、アメリカ建国の父《ファウンディング・ファーザーズ》の一人として、そしてまた雷が電気であることを証明した有名なエピソードに見られるように、様々な方面で功績を残した多才な人物として知られるが、実は彼はアメリカ紙幣の誕生にも大きく関わっている。フランクリンがいなければアメリカでの紙幣の発達はもっと遅れていたであろうし、今日のように世界的に紙幣が流通していたかどうかも定かではないのである。

紙幣そのものこそフランクリンの発明ではないが、フランクリンがアメリカで最初に紙幣を作った人々の一人であることは間違いない。その背景には、彼が印刷屋であったということが関係している。『自伝』にも記されているように、フランクリンは実際に自分が勤める印刷屋で、そしてのちには自身が所有する印刷屋で、ニュージャージー州などの植民地の紙幣を印刷していた[5]。そしてフランクリンはここでも発明の才を発揮する。紙幣が価値の媒介として現代に至るまで流通しているのは、逆説的ではあるが、それじたいに価値がなく、価値の表象としての作用しかないためである。紙とインクには物質的価値はない。しかし、まさにそのために、紙幣は簡単に偽造することも可能であった。フランクリンは、そういった偽札を防止する独自の方法を開発している。ひとつは一七三九年のペンシルヴァニア紙幣に見られるような意図的なスペリングミスである。フランクリンは紙幣がより高い額面へと偽造されるのを防ぐために、額面ごとにPennsylvania, Pensylvania, Pennsilvania, Pensilvaniaの四つの異なったスペリングを用意し、これを活字のヴァリエーションとともに用いた。

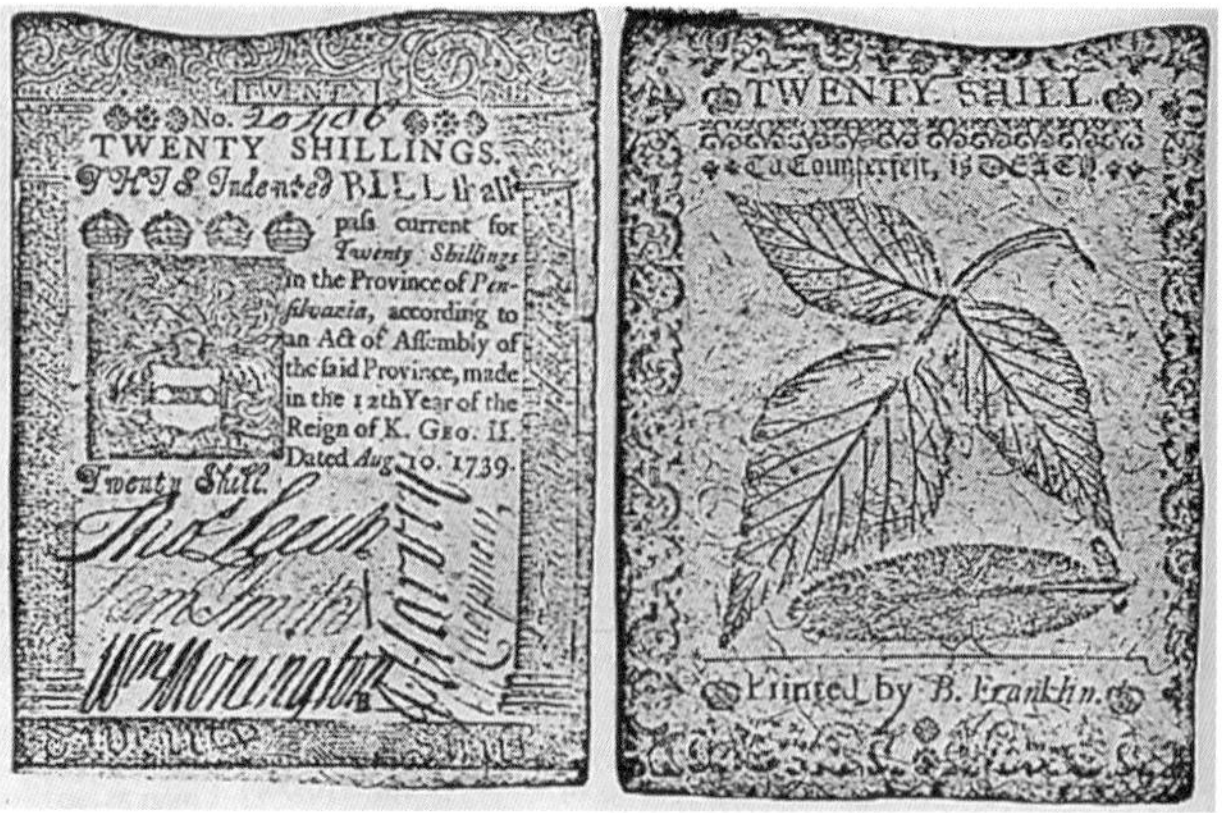

図2　フランクリンによってデザイン・印刷された20シリングペンシルヴァニア紙幣

そしてもうひとつフランクリンの才能を感じさせる発明が、ネイチャ・プリンティングと呼ばれるものである。いかなるデザインもそれが人によって作られた以上複製可能であるが、偽札を防ぐために複製不可能なデザインを探していたフランクリンは、紙幣の裏に木の葉をプリントすることを思いつく（図2）[6]。自然によってデザインされた葉っぱには、二枚と同じものはなく、複製することは不可能だからだ。最初のネイチャ・プリンティングは図2の一七三九年にフランクリンによって発行されたペンシルヴァニア紙幣であるが、ネイチャ・プリンティングじたいは実は紙幣以前に、後述する『貧しきリチャードの暦』の一七三七年版にすでに使われていた。そこからこの発明がフランクリンの手によるものと同定されるのであるが、実はそれがわかったのはごく最近のことである。植民地時代の紙幣の多くに葉っぱが印刷されていることは広く知られていたが、その理由が偽札防止のためで、しかもフランクリンの発明によるものだというのは一九六三年まで知られていなかった。[7] フランクリンのつくったネイチャ・プリンティングは植民地紙幣やのちの大陸通貨に広く採用されるが、フランクリンはこの技術や意図を、紙幣作成上の秘密としていたようである。

こうしてフランクリンは実際に紙幣をデザインし、印刷し、偽造防止法さえ作り出したのだが、彼はまた、文筆家としても紙幣の普及を後押ししている。彼は一七二九年、二十三歳のときに匿名で「紙幣の性質と必要に関する控えめな問いかけ」というパンフレットを出版し、新大陸での紙幣増発の必要性を説いている。紙幣を発行して貨幣の流通量を増やすことによって投資や起業が活性化され、物価も上がり、アメリカへの移住者も増える。そうすれば労働力や職人も増え、多くの消費財をイギリスやヨーロッパからの輸入に頼っているという経済的不均衡も解消される、というのである。またこのエッセイでフランクリンは価値体系の基本を労働に求めており、それはのちのマルクスに大きな影響を与えたという。[8]

このようにアメリカで紙幣が生まれ、流通した背景にはフランクリンが深く関わっている。いわばフランクリンはアメリカ紙幣の父であり、その功績を称えてか、フランクリンはアメリカ紙幣のデザインとして頻繁に取り上げられる人物である。現行の一〇〇ドル紙幣はもちろん、これまでにフランクリンの肖像を掲げた紙幣は多数存在する。[9]

そして「建国の父」の一人であるベンジャミン・フランクリンは、アメリカ紙幣の父であるだけでなく、アメリカ文学の父でもある。彼の『自伝』はどんなアメリカ文学史にも入っているアメリカ文学の古典である。彼が紙幣とともに文筆でも名を成したのは決して偶然ではなく、その理由は紙幣の場合同様、彼が印刷というテクノロジーを手に入れていたことに理由を求めることが可能であろう。紙幣も文学作品も印刷というテクノロジーによって可能になったメディアであり、印刷屋として出発し、みずからの墓碑に「ベンジャミン・フランクリン　印刷屋[10]」と刻まれることを望んだフランクリンは、このテクノロジーがもたらす恩恵に十分意識的であった。だからこそ彼は匿名で新聞に投稿し、世論をつくることもできたのだし、「紙幣の性質と必要に関する控えめな問いかけ」のようなパンフレットを作って自らの主張を人々に伝えることもできた。ベネディクト・アンダーソンが『想像の共同体』で書いているように、当時のアメリカの印刷屋は「その出版物の中に必ず新聞を持っておりそして彼らはその新聞の主要な、そしてときには唯一の寄稿者であった」のであり、社会に対するその影響力は現在とは比べようもなく大きかった[11]。

図3　フランクリンがデザインした5ドル大陸紙幣

　紙幣と文学作品がともに印刷というメディアによって成立したテクストであるという両者の近似性の例として、また、その両者を通して印刷屋が持ちえた多大な影響力の証左として、フランクリンの手による大陸通貨を挙げることができよう。独立革命前夜の一七七五年、第二回大陸会議が開かれた際に、まずなされたことは、紙幣印刷を認可する法案の議決であった。そしてフランクリンはその紙幣にアメリカ独立のメタファーを明白に組み込んだ。たとえば図3の五ドルの大陸紙幣が描いているのは、棘を持つ植物とそれを摘み取らんとして血を流している手であるが、この紙幣をデザインしたのはほかならぬフランクリンである。この植物と手がそれぞれ何を表しているかは明白であろう。そしてフランクリンはそのデザインを作るだけでは飽き足らず、みずから発行している新聞、『ペンシルヴァニア・ガゼット』紙に「クレリクス」の名前で、この紙幣の解釈を載せている。曰く「次の紙幣には棘のついた低木が描かれ、それを手が根こぎに（eradicate）しようとしている。その手は棘に刺されて血を流しているようだ。題銘のSUSTINE VEL ABSTINEは私に我慢しなさい、さもなければほうっておいてくださいという意味、つまりは支持するか干渉しないかどちらかだ、と解釈できるだろう。私が思うに低木はアメリカを表し、血を流している手はイギリスを表しているのではないだろうか（傍点部は原文イタリック）」[12]。

これを見れば紙幣が文学作品同様、読んで解釈するべきテクストであったということは明白である。そしてまた、印刷というメディアが当時の言説空間にいかに多大な影響力をもっていたかが窺い知れよう。そしてフランクリンはそのメディアを手中にしていた。そのため彼は自分でテクスト（紙幣）を書き、そのうえ自分で解釈し、それを流通させることができた。つまりは解釈共同体をみずからつくり、読者の解釈を誘導していたといえよう。フランクリンはペンネームを使って、「この紙幣のデザインについての説明はいまだ誰によってもなされていないようなので私の推測を送らせていただきます」と『ペンシルヴァニア・ガゼット』紙の"printer"に投書したという体裁を取っているのだが、結局のところは自分で作ったテクストの解釈を自分で行って自分で発行までしていたのであり、世論を左右する力は印刷屋に独占されていたといっても過言ではない。

同時に、複製可能な媒体であるがゆえ、印刷が広告としての役割を持ちえたことも見逃せない。フランクリンが印刷した紙幣には彼の名前が載っており、それが大きな宣伝効果を持っていたであろうことは想像に難くない。通貨は英語では「流通」の意味もあるcurrencyであるが、印刷技術のおかげで複製された紙幣とフランクリンの文章、そしてフランクリンの名前は、ともに「流通」し、その影響力を高めていったのである。

このようにフランクリンは印刷というメディアを介して紙幣と文学という二つの分野に多大な影響を与え、それは紙幣と文学という通常あまり併置されないものが実はその根本においては非常に似ているということの証左でもあるのだが、では、フランクリンが残した『自伝』をはじめとする著作が作り出したものとはいったいなんであったのか。

フランクリンの『自伝』がアメリカ的セルフメイドマンの立身出世物語であるというのは定説である。つまりフランクリンはその自伝を通じて「アメリカ的な自己」の原型を作ったのだといえる。考えてみれば通常我々の認識する「文学」という範疇にあまりそぐわない彼の「自伝」がアメリカ文学史に名を連ねているのは、それがイギリスからの移民ではない新たなアイデンティティとしての「アメリカ人」を描いているからに他ならない。ジェイムス・コックスが言うように「フランクリンの前にはアメリカ文学はなかった。あったのはイギリス植民地文学だけだった」のである。(13) つまりは国民国家の枠組みで語られる現在のアメリカ文学史という言説を強く裏付ける文書であるがゆえに『自伝』はアメリカ文学史に名作として組み込まれているのであり、そこで表明されているのは最初の「アメリカ的自己」である。それは旧大陸的な価値観から解放された、啓蒙主義の影響を反映させた新たな主体のあり方であった。ピューリタニズムが、個人を神に仕える下僕と規定し、社会の構成員としての役割しか与えなかったのとは対照的に、フランクリンは自らの利益を追求して社会的成功を収める利己的な自己を奨励することになる。マックス・ヴェーバーが『プロテスタンティズムの倫理と資本主義の精神』において、「資本主義の精神」の典型としてフランクリンを挙げていることにも、その事実は明白であろう。

『自伝』の冒頭でフランクリンは自分の息子に対して語りかけるという体裁を取っているが、これはもちろん文字通りに取る必要はなく、むしろこの本が語りかけている相手はアメリカの大衆である。彼自身のように「貧しい賤しい家に育」ったすべての人々である。「のち次第に身を起こして富裕の人となり、ある程度世間に名の知られ」たフランクリンが用いた「有益な手段」を「知りたいものだと思う」者すべてである。(14) であるから『自伝』の意図が大衆の啓蒙にあり、貧しいものが社会的成功を勝ち得ることを奨励していることははっきりしている。そしてフランクリンは自らの半生を語り、時として失敗談も織り交ぜながら巧みに成功の秘訣をといていく。

その秘訣の最たるものといえば、なんと言っても後半部に書かれた有名な「十三徳」にとどめを刺すであろう。道徳的完全性を目指したフランクリンは、習慣や性癖によって妨げられることを排除するために、徹底して自分を訓練することを思いつく。そして節制・節約・勤勉といった十三の徳目を掲げ、さらにはそのいずれかの徳に関して犯した過失を几帳面にも手帳に記すという方法を編み出したのであった(九一—九七)。これはのちにフィッツジェラルドの『グレート・ギャッツビィ』(一九二五)において、ギャッツビィが死んだあと、葬儀にやってきた父親が若かりしころのギャッツビィがつけていた手帳を見せる場面にまで受け継がれているアメリカ的伝統である。フランクリンと同じく貧しい生まれであったギャッツビィは、フランクリン流の自己節制を自らに課すことによって巨万の富を手に入れた。そしてギャッツビィが経済的に成功しながらもデイジーを取り返すことができなかったことに端的に象徴されるように、フランクリン流の自己鍛錬において最も重点が置かれているのは、経済的な意味での節制である。たとえばロンドンでの修行時代には、他の印刷工のようにビールを飲んだりせずに節約し、アメリカに戻ってからも「着るものは質素なものに限り、遊び場所には絶対に顔を出さな」い、といった具合である。そうして行った節約と勤勉が彼の成功の秘訣であったと強調されている。

その姿勢は『自伝』よりさらに大衆にアピールした『貧しきリチャードの暦』において、より明確に表明されている。フランクリンは農民や船乗りに役立つような暦を毎年作っていたが、そこにさまざまな自作の諺を盛り込んだ。そしてのちにはその諺が物語としてまとめられ「富に至る道」となる。こちらはまさしくそのタイトルが示すとおり、全編にわたって、いかに勤勉・節制によって経済的豊かさを得られるか、ということが目標とされている。実際アメリカン・ルネッサンス期の作家ナサニエル・ホーソーンは、『子供のための伝記物語』(一八五〇)という作品のフランクリンの章で、貧しきリチャードの諺のいくつかを読んだと言う子供に、「あんなの好きじゃないや。全部お金儲けと節約のことについてしかいってないんだもの」といささかの皮肉をこめて言わせているほどである。(15)

そして我々にとって今重要なのは、フランクリンの「お金儲けと節約」の唱導が、彼の印刷物を通して、新たなるアメリカ的価値観となったということである。[16] ここに我々は現代の資本主義競争社会のはじまりを見ることが可能である。フランクリンは言う。「得られるものは得よ、得たものは手放すな。これぞ鉛を黄金に変える石」。[17] また「若い商人への助言」（一七四八）というエッセイでは「お金というのは次々と増殖していく性質なのだということを忘れてはいけない。お金はお金を生み、その子孫はさらなる子孫を、その子孫はさらに増殖していくのだ」と、価値の交換媒体としてではなく、利子を生み増殖していく「資本」としてのお金の本質を見抜いている。[18]

なにしろ今では我々が日常的に繰り返し使う「時は金なり"Time is Money"」という表現さえ、最初の出典はフランクリンなのである。[19] つまりそれ以前は「時」は「金」ではなかった。それがフランクリンによって、「時」は計量可能な、労働量を測る基準となり、お金と交換可能な財産として「節約」したり「無駄にする」ものとなったのであり、我々が現在属している経済的価値観のパラダイムはフランクリンによって作られたといっても過言ではない。

フランクリンは（印刷屋として物理的に、そして思想家、政治家として概念的に）お金を作り出しただけでなく、勤勉・節制を奨励することでそのお金の価値を高め、それを蓄え、増やすことを奨励した。ミッチェル・ブライトヴァイザーはフランクリンの「自己」と「お金」の間に、ともに流通して受け入れられることによってのみ正当性を獲得するという点においてアナロジーを見出しているが、フランクリンの作ったお金と『自伝』（そしてそれが喧伝するアメリカ的自己）はともに流通して人々に受け入れられ、また相互補完的にお互いの価値を高めていったといえるだろう。[20] その結果フランクリンは資本主義市場経済的な文脈での、時間とともに増殖する「お金」を導入することとなる。

2　グローバリゼーションと自由市場経済の限界

お金は増える。フランクリンが見抜いていたように。そして現代に生きる我々はそれを当たり前のことだと考えている。そしてフランクリンが「時は金なり」と喝破していたように、「お金」を育てるのは「時間」である。ほかの消費財はすべて時を経過するにしたがって減価していく。野菜や肉は腐る。家や車も古くなり壊れていく。しかしお金だけは別である。お金は「時」を味方につけた。時が経てば経つほど成長していくのだ。それが「利子」である。一万ドルの現金を一年間誰かに貸したとしよう。我々は一年後に一万ドルが返ってくるだけでは満足しない。「その一万ドルを持っていたとしたらそれを使うことができていたであろう機会」を一年間奪われていた、というふうに考える。そしてその代償として利子を要求するのだ。これがフランクリンが十八世紀にすでに見抜いていた「お金は増殖していく」ということの本質である。しかし、我々はそういう「お金」のシステムがいまやあまりに巨大化してしまって、富の一極化をもたらしつつあることにもうすうす気づいてきている。たとえば現代日本でもっとも人気のある商品のひとつは「お金」である。それはちょっとテレビを見てみるだけでわかる。消費者金融のCMのいかに多いことか。彼らはお金を貸すことで利益を得ている。お金を貸して利子を得ることとで。しくみとしては銀行と同じである。お金を動かすことによって利益を得ているが、そこでは「動かすこと」が「利益」を生んでいるのであって、系全体で見ればなんの富も増加してはいない。お金を持たず、利子を払ってでも今日使える現金を求める大衆から、より巨大な資本を持ったものへとお金が移動しているだけである。そのようすはまるで我々が「お金」を使っているのではなく、「お金」というシステムが生き物のようになって我々の社会を支配しているようには見えまいか。そしてこれと同じことが地球規模でも起きている。多国籍企業は第三世界で安価な原材料を調達し安価な労働力を用いて安価な商品を作る。その犠牲があってはじめて我々の消費社会は成り立っている。そしてそこで企業の得た利益は決してその第三世界には還元されない。ときとしてその代価は環境の破壊や資源の枯渇である。それが今やあたかもあらゆるものの主人であるかのごとく世界の経済を支配・左右しているグローバリゼーションの正体だ。

グローバリゼーションという今や急速にわれわれの生活を変えつつある画一化の動きは、「世界のすべての国は何らかの形の西欧世界の制度や価値を受け入れる」はずである、という思想に基づいている。それが啓蒙思想の残滓であり、グローバリゼーションを牽引するアメリカは「世界最後にして最大の啓蒙思想体制」だとジョン・グレイは指摘している。[21] 普遍的文明というものが存在することができ、人類はその単一の思想に収斂していくべきだ、という考えは啓蒙主義以降のものである。そしてグレイはそれが「アメリカが今日生きなければならない多元的世界を覆い隠す」と論じている。[22]

グレイの啓蒙主義批判の是非は別として、ここでグローバリゼーションの背後にアメリカ建国以来の啓蒙主義があるとする指摘は、もう一度我々にベンジャミン・フランクリンを想起させるという点において示唆的であるし、また、だからこそグローバルな自己の原点としてフランクリンを措定することの正当性が補強されるとも言えよう。

経済活動におけるグローバリゼーションの最大の特徴は、資本移動の自由化によって世界が単一の自由市場になるということであろう。しかし「自由市場」とは競争の自由を保障する（つまりは政府などによる介入がない）という意味であって、言葉の響きとは裏腹に、決してフェアとは言い難いものである。トーマス・フリードマンが言うように「市場の見えざる手は、見えざる拳なしには決して機能できない」のであり、自由市場とは富めるものが国力や軍事力をバックにさらに富めるものとなることを許容するシステムなのである。[23] その結果市場では何が起きるかというと、国家間の不均等の拡大である。グローバル市場の周辺にいる途上国は、アメリカのように中心にいる経済体制からの投資に依存せざるをえない。ある地域の経済は、世界のほかの地域の経済とのネットワークに不可避的に組み込まれてしまうため、モノの価格はその現地での出来事よりも、遠い世界でのできごとに影響されかねない。そして自由化された資本はそれが有効に増殖する地域にのみ投下される。しかし、増殖が見込めないとなれば資本はすぐさまその投下先を変更する。資本を引き上げられた地域の経済は破綻するが、それでもよしとするのがグローバル市場経済なのである。

また、自由市場はあらゆる面でコストを最優先する。それは労働上のコスト、税制上のコスト、あるいは環境に関するコストなどであるが、たとえばある国で環境コストが、企業が負担するコストとして税制化されていたとしたら、そのコストを企業が負担しないで済む別の国との競争が生まれる。その結果、前者は競争をあきらめるか、コストを減らすために環境に関する水準を下げていくしかない。こうして自由市場のグローバル化は世界の市場のモラルを低下させ、あるいは先進諸国が第三世界諸国で生産することによってそこに環境コストを押し付け、環境汚染を外部に撒き散らすという事態を招いてしまう。

自由市場において企業は短期的な利益に基づいて行動する。企業の目的は利益を上げることであり、利益を上げることができなければ企業じたいが消滅してしまう。当然環境破壊の影響などといった長期的な視点に立てるわけもなく、目先の利益を常に優先していくしかない。それが自由市場の宿命である。しかしグローバルな自由市場は不安定であり、その綻びは一九九四年のメキシコの経済破綻をはじめとした世界各地の経済危機に見られる。それらの危機がいまようやく危機として認識されるようになったのだが、チョムスキーいわく危機は以前からあったのであり、犠牲者がただの餓えた人々だったために危機として認識されなかったが、いまや「裕福な投資家たちでさえも傷つく恐れがある」ゆえに危機として顕在化してきたに過ぎないという。(24)

それでは我々はこの自由市場の呪縛から免れることはできないのか。たとえばナイキなどの多国籍企業がアジアで十三〜四歳の子供を働かせていたという事象や多くの環境問題に見られるように、グローバルな自由市場が企業モラルの低下を招いている現状を我々は知っている。(25) 企業のように短期的な利益に左右されるのではない、長期的な視野を持つ市民として我々にできること、そのグローバリゼーションに与しないためのオルタナティブはないのか。

こうした問題の根本を考える際、自由市場の是非以前にそれを成立させている要因に目を向けることが必要である。そして、その要因とは、貨幣である。

現代の怪物化した自由市場を成立させているのは貨幣である。そしてその貨幣の問題は、それがもともとの交換の媒介《メディア》としての役割を離れ、それ自体が商品となってしまったことにある。その元凶が前述の「利子」である。ほかの消費財と違って減価しないゆえに貨幣は資本となり、投下されて増殖するようになる。その仕組みさえなければ自由市場には今のような旨みはないはずであった。かつては紙幣の価値は金によって担保されていた。しかし一九七一年にドルは金本位制をやめ、貨幣の価値を後ろ盾するものは何もなくなった。実体がなくなったにもかかわらず（いや、なくなったからこそ）それは増殖を繰り返しているのである。

これまでの歴史でそういった貨幣の働きに疑問を投げかけた人物がいないわけではない。たとえばドイツ系アルゼンチン人の経済学者シルビオ・ゲゼル（一八六二―一九三〇）がいる。彼はほかの消費財同様に減価していく貨幣を作ることによって、経済的な不均衡を解消しようと試みた。その実践が「スタンプ貨幣」だ。この貨幣は、使わずに保有していると値打ちが減っていく貨幣である。一ドル紙幣は毎週水曜日に一枚二セントのスタンプを貼らない限り受け取ってもらえない。一年五二週をすぎたころにはこの紙幣は一ドル四セントを回収しゼロとなるのである。(26) 週に一回の減価日を設けることによって紙幣の循環は速くなり、お金が本来持っていた交換媒体としての役割をより発揮することができる。その一方でこの貨幣は減価するために貯蓄することができない。それはお金を本来の役割に戻す発想であり、ゲゼルのこの思想に基づいたスタンプ貨幣はドイツやスイス、またアメリカでも実践された。

そして今、ゲゼルの思想を継ぎ、グローバリゼーションに対抗するオルタナティヴとして注目されているのが地域通貨だ。地域通貨とはある一定の地域でだけ通用する通貨のことである。それがどういった点でグローバリゼーションに対するオルタナティヴたりえるのか説明しよう。まず第一に地域通貨はコミュニティの経済を守る。ドルはグローバルなシステムに組み込まれているため、たとえば巨大な多国籍企業がある町に工場を作り、町の人々ほとんどがその工場で働くという状況はよくある話である。しかしひとたびこの企業が撤退すればそこには雇用はなくなる。しかし地域通貨に基づいたコミュニティを作ればこういったドルの支配に巻き込まれない。

また、我々が銀行に預けたドル（円でも同様）はいったいどのように使われるのかわからない。銀行はそのドルを企業に貸し利子を得る。そこで優先されるのは何か。市場の原理だけである。つまり短期的に見て利益が回収できるか否かだけである。たとえそれが環境を破壊し、近い未来に我々自身の首をしめるような事業であっても、儲けが出るならば銀行は融資する。我々のお金が自分では使ってほしくない方法で使われてしまうことを、ドルや円を使っている限り避けることはできない。それは第三世界の資源を奪ったり、米軍の軍事費に使われてしまう可能性から免れ得ない。たとえば円であっても、われわれの銀行預金は政府の短期国債を買い支え、その資金で日本政府はアメリカ国債を購入する。アメリカ単独ではイラクへの戦争を維持する資金はないにもかかわらずアメリカが戦争を遂行できるのは日本がその四〇％を購入しているアメリカの国債があるゆえなのである。[27]

ニューヨーク州のイサカの地域通貨イサカアワーを使う市民はこう言っている。「私たちは連邦通貨、ドルが町にやってきて数人と握手したかと思う間に熱帯雨林を伐採しあるいは戦争を起こすのを目撃しています。イサカアワーはその反対にこの地域に私たちを助けるためにとどまるのです。ドルというものが私たちをより多国籍の商品や銀行に依存させている間にアワーは地域商業を補強し商売を拡大してくれます。そしてそれは私たちが関心を持っている環境保護や社会正義に対してより信頼できるものなのです。[28]」グローバルな自由市場に組み込まれたドルは、われわれの意図にはおかまいなしに、利益を求めて移動する。しかし地域通貨ならそれを防ぐことができる。[29]

3 バロウズ・ウィルス・貨幣

カンサス州ローレンスで二〇〇〇年に発行された地域通貨・リアルダラー（REAL DOLLAR）も同様の思想に基づいている。ウォルマートのような巨大スーパーや、GAPなどのチェーン店が入ったショッピングモールはアメリカ国内のいたるところにあり、アメリカ人の消費生活は日本以上に画一化されている。どこの町に行っても同じモノが手に入るが、逆にそれ以外の選択肢は少ない。そしてこれらの巨大チェーン店で買い物をしてもそこから地元に落ちるお金というのはごくわずかである。またこれらグローバル企業のコスト力の前では地域の個人経営商店が太刀打ちできるわけもなく、彼らは駆逐されつつある。そういったグローバリゼーションの力から地域経済を守るための手段としてリアルダラーは考案された。その基本的姿勢はこのネーミングにも現れている。REALはRealizing Economic Alternatives in Lawrence（ローレンスにおける経済的オルタナティヴの実現）の略なのである。

その紙幣のひとつにウィリアム・バロウズの肖像が載っている。バロウズの肖像が選ばれた理由には、まず、彼が地元の人間だったということがある。一九八一年からバロウズはローレンスに移り住み、『内なるネコ』（一九八六）などの作品をこの地で書いている。またもうひとつの理由は、彼の肖像が載った紙幣の額面に見ることができる。リアルダラーには一ドル・三ドル・一〇ドルの三種類の紙幣があるが、バロウズの肖像が載っているのは三ドル紙幣である。現行のドル紙幣には三ドル札は存在しないし、アメリカ紙幣史全体を通しても三ドル札があったのは独立戦争前に発行された大陸通貨くらいである。そこに由来して、英語で“three dollar bill”といえば「変わり者、ホモ」の意味であり、お札を示す“bill”はウィリアムの愛称でもあるから、バロウズ紙幣を“three dollars bill”と呼ぶとき、この表現は二重の意味で洒落になっている。プロジェクトの中心人物の一人、クリス・オルセンはこういった点から、バロウズの採用は「tongue-in-cheek（ひやかし半分）」だったと語っているが、その一方で「ぼくたちは、これはバロウズに敬意を捧げるよい方法だと思ったんだ。三ドル札に新たな意味を付け加えることができるからね」とも語っている。[30] ともあれこうしてバロウズの紙幣は発行され、特定の地域限定とはいえ、バロウズとベンジャミン・フランクリンという対極の二人が同じはたらきを持つようになったのである。

そして、作り手の意図としてはそこまで深い意味はなくとも、バロウズの作品を読めば、そこに地域通貨の精神に重なるものを見ることができる。

バロウズの作品の大きなテーマとしては、まず『ジャンキー』(一九五三)、『裸のランチ』(一九五九)で描かれたドラッグの問題がある。バロウズは一九六〇年の時点で、ロンドンでアポモルヒネ療法を受けて断薬するまで、十五年にわたってモルヒネ中毒であったと記している。バロウズが使用した薬物はモルヒネだけではなく、ヘロイン、アヘン、デメロール、ドロフィンなど、列挙されている薬物の名前は多岐に渡る。タンジールで中毒に陥っていたときには「一年の間風呂にも入らず着替えもせず、衣服を脱ぐのは繊維質で灰色で木のようになった末期中毒の体に一時間おきに針を刺すときのみであった。(中略) 私はまったくなにもしなかった。自分の靴のつま先を八時間見続けていることができた」というほどだ。[31] 『ジャンキー』は自身のドラッグ体験をリアリスティックに綴った記録、そして『裸のランチ』もドラッグとホモセクシャルを含むあらゆる性交を扱った断片の集積であり、バロウズの実人生と同様彼の作品においてもドラッグは大きなモチーフになっている。

ただし、バロウズの作品において今われわれの興味を引くのは、それが単にドラッグを扱っている、つまりは、「してはいけないとされていることをしている世界を描いている」ということではなく、ドラッグに見られるような嗜癖とそれにともなう依存を、この世界のさまざまな権力関係のメタファーとして描いていることである。ドラッグがドラッグたるゆえんは、それが中毒《アディクト》をもたらすことにある。体内の代謝システムにドラッグが入り込んでしまえば、それがなくなるときに大きな苦痛を生じる。苦痛を回避するためにはさらなるドラッグを投与するしかなく、必然的に投与量は増加し、摂取を断つことはますます困難になる。こうしてジャンキーは次第に麻薬《ジャンク》に支配されていくのだが、同じことはジャンキーと売人《プッシャー》の関係にも当てはまる。ジャンキーはジャンキーになる以前は客ではない。麻薬《ジャンク》が手に入ろうが入るまいが関係はない。だから彼は売り手より強い。しかし麻薬《ジャンク》を摂取していくに連れて彼が必要とする麻薬《ジャンク》の量は増えていく。持てば持つほど麻薬《ジャンク》の使用量は増え、手持ちが少なくなれば少なくなるほど必要性が増える。こうしてジャンキーとなるころには売人《プッシャー》の意のままとなり支配されることになる。

しかし、売人《プッシャー》は、だからといって絶対的な権力を持つわけではない。たとえばジャンキーが死んだりして顧客がいなくなれば彼の生活も立ち行かない。そういう意味では売人《プッシャー》も麻薬《ジャンク》に支配されているといえよう。バロウズはこうも書いている。

麻薬《ジャンク》は理想的な製品だ……究極の商品。セールストーク不要。客は買うためなら下水道を這いまわり土下座する……麻薬《ジャンク》商人は、消費者に製品を売るのではない。製品に消費者を売りつけるのだ。麻薬商人は自分の製品を改善したり簡素化したりしない。顧客のほうを堕落させて簡素化するのだ。自分の部下にも麻薬《ジャンク》で支払う。

(『裸のランチ』二〇一)

ジャンキーを支配しているかに見える売人《プッシャー》も、結局は麻薬《ジャンク》に仕え、その支配から抜けられないという点では同じであり、支配しているのは誰でもない、麻薬《ジャンク》なのである。

また、『裸のランチ』のインターゾーンでの演説の場面では次のような一節が出てくる。

「今では一人の送信者がこの惑星を支配することもできるでしょう……　だが、いいですか、支配は決してなにも実際的な役には立ちえないのです……　支配をさらに拡大すること以外には何の手段にもなりえないのです……　麻薬《ジャンク》と同じように……」（一三七　傍点部は原文イタリック）

支配《コントロール》は麻薬《ジャンク》と同じように自己目的化する。ジャンキーにとって麻薬《ジャンク》を摂取することがそれじたい目的となるように、支配の目的は支配することそれじたいとなる。

ここで、麻薬《ジャンク》と「利子を生む貨幣」の共通点を指摘しておいてもよいだろう。バロウズは書いている。「遅れはビジネスのルールである」（『裸のランチ』二〇三）。売人《プッシャー》は客がジャンキーになっていくにつれて、約束の取引に遅れてやってくるようになってくる。そしてジャンキーは、ヤク切れで苦しみもがく時間を通して麻薬《ジャンク》の必要性をいやというほど教え込まれることになる。時間によってジャンキーは育てられ、時間によって彼の必要も増殖していく。貨幣が時間を味方につけて時間とともに価値を増殖するように、麻薬《ジャンク》も時間によって育つのだ。実際、バロウズ自身もインタビューの中でお金を麻薬《ジャンク》にたとえている。

あのな、お金に関する概念じたいに間違いがあるんだ。モノを買うのに必要な金は常に増えつづけ、その一方で手に入るモノはどんどん少なくなっている。金は麻薬《ジャンク》みたいなもんだ。月曜に打ったヤクの量じゃ金曜にはもう足りなくなってるってわけだ。（『お仕事』七三）

そして貨幣システムも麻薬《ジャンク》と同じように自己目的化する。金は増殖し、増殖することじたいが目的になる。支配しているのは貨幣というシステムじたいである。

そしてバロウズはそういったコントロールをもたらすものを「ウィルス」と名づけた。「ウィルスが生命の特質を示すことができるのは、宿主の体内に巣くって他のものの生命を利用するときだけだ——これは自分自身の生命の放棄で、生活機能のない頑強な機械、無機物の方向へ堕落してゆくことだ」という（『裸のランチ』一一三）。ウィルスはそれじたいでは生きていくことはできない。しかし宿主の体内に入れば増殖を繰り返し、最終的には宿主を支配するに至る。バロウズにとっては麻薬《ジャンク》はウィルスであるし（『裸のランチ』二一一）、そして何よりも有名なのは、このメタファーをわれわれのより根源的な営みに応用してみせた「言語はウィルスである」というテーゼであろう。

これに関してはまずバロウズ自身が語っている言葉を引用したい。

一九七一年以来の私の一般的理論は、言語は文字通りウィルスであり、にもかかわらずそのように認識されていないのは、人間という宿主との比較的安定した共生関係を築いているからだ、というものである。つまり、言語ウィルス（アザー・ハーフ）は人間の有機組織のなかで非常にしっかりとみずからを確立しているため、いまや天然痘のようなギャング・ウィルスをあざ笑い、パスツール協会へ送り返したりできるのだ。しかし、言語は明白にウィルスと同定できるひとつの特徴をもっている。それは、言語はみずからを複製する以外の本質的機能をもたない生物体だということだ。（「一〇年と百万ドル」[32]四七）

言語は我々が獲得した能力ではなく、むしろ我々を支配している存在であるとバロウズは言っている。それに気づかないのは、逆に、言語ウィルスが人間にしっかりと巣食っていることの証左だという。

そしてこの思想が最も反映された作品が、『ソフト・マシーン』（一九六一）、『爆発した切符』（一九六二）、『ノヴァ急報』（一九六四）のノヴァ三部作である。これらの作品では、テクストを切り刻んでランダムに並べ替える「カットアップ」や、ページを折り込む「フォールド・イン」といった手法が全編に使われている。そのため、読者に残されるのは繰り返されるイメージだけである。『裸のランチ』も十分理解不能な作品であるが、各章の間に有機的な繋がりがないだけで、それぞれの章そのものは少なくともそれなりにリーダブルであった。しかしノヴァ三部作にいたっては前述の手法のために文章じたいのシンタックスも破壊されており、さらに理解不能になる。そしてこういった手法を用いたのも、言語の支配から我々の思考を解き放つためである。

カット・アップはもともとバロウズの友人で画家でもあるブライオン・ガイシンが発明したもので、「文章表現は絵画より五十年遅れている」という考えのもと、コラージュの手法を文章に持ち込んだものだ。バロウズはガイシンに勧められて積極的にカット・アップに励むのであるが、カット・アップは「言語はウィルスである」というバロウズのテーゼにはぴったりの表現手法であった。言葉を切り刻み、文法から、コンテクストから、解放するのである。

こうして手法的にも言語ウィルス解体をもくろんだノヴァ三部作は、内容もまた、全編言語ウィルスとその解体をめぐる神話になっている。『ノヴァ急報』は、ハッサン・イ・サバーによる次の「最後の言葉」からはじまる。

> おまえたちみなを脅して時間へと追いやったのはなんだ？　肉体へと？　クソへと？　教えてやろう。「言葉」だ。「*the*」という宇宙からの言葉。宇宙からの敵の言葉（"*The*" *word*）は汝（"*thee*"）を時間へと閉じ込める。肉体へと。クソへと。囚人たちよ、出て来い。大いなる空が開かれた。私ハッサン・イ・サバーは言葉を永遠に消し去る。(33)

そして作品のなかで描かれるのは、地球外の惑星からやってきて、ウィルスを通して人間を支配するノヴァ犯罪者《クリミナル》と、それを逮捕しようとするノヴァ警察の戦いである。ノヴァ犯罪者《クリミナル》は三次元的生命体ではなく、人間の宿主に取り憑き、同じような嗜好を持った人間へと転移していく。それを逮捕するのが、アポモルヒネにたとえられるノヴァ警察で、こちらも人間に取り憑いてノヴァ犯罪者《クリミナル》を探し、逮捕して生物裁判所へと連行するが、アポモルヒネがモルヒネ中毒者の体内の代謝からモルヒネを解消したあと体内から消えるように、ノヴァ警察も逮捕したあとは地球にとどまらずにいなくなる。そして彼らが逮捕の際に使用するのが「沈黙ウィルス」である。言語ウィルスに対抗する手段としての「沈黙」については『爆発した切符』に書かれている。

言語はかつては健康な神経細胞だったかもしれない。それが今や中枢神経組織を侵略し破壊する寄生生命体である。現代人は沈黙という選択肢をなくしてしまった。声に出さない発話をやめてみるのだ。十秒で良いから頭の中を沈黙で満たしてみたまえ。きっとあなたにしゃべれと強要する妨害生命体と出会うことであろう。そしてその生命体は言語の中にいるのだ。(34)

そして、そのあとに、言語の歴史はたかだか一万年ほどしかなく、人間の歴史が五〇万年だということを考えれば、言語は比較的最近の発明に過ぎないということが指摘されている。

こういったバロウズの言語観を目の当たりにして我々はなにを思うだろうか。バロウズの思想は、みずからの思考がなにか別の他者にコントロールされているという点で、ある意味たんなる偏執狂的被害妄想であり、引用部のように、沈黙をやぶるよう強制するウィルス（あるいは他者）の存在を感じるという点では、分裂症的傾向として読むことができよう。そういった意味でバロウズの言語ウィルス説は科学的というよりはオカルト的、そしてバロウズはアディクトとウィルスのレトリックに取り憑かれた人間と解釈することができる。

しかし、その一方で、我々がここになにか学ぶことがあるとするならば、あたかも自明のものであるかに見えるシステムを疑ってみるバロウズの姿勢である。われわれは言語を通してしか物事を認識しない。それはあたりまえのように思えるが、バロウズによればそうではなく、それはあらかじめウィルスに感染しているからである。

その疑いをバロウズはカット・アップという手法、言語ウィルスとの戦いという主題で、繰り返し繰り返し表明してみせた。

そして、我々が見てきたアメリカの紙幣のあり方、現代の貨幣のあり方に照らし合わすとき、バロウズの思想は、そのシステムを疑い、コントロールから逃れようとしている点で、はからずも彼自身の肖像が載った地域通貨と思想を共有しているといえよう。麻薬《ジャンク》はウィルスである。宿主に巣食い増殖していく。お金もそうである。増殖することが自己目的化したシステムがすでに確立している。たとえばベンジャミン・R・バーバーが、現代の市場経済について「自ら生み出した独占ウィルスや買収攻勢ウィルスから身を守るための抗体を生成することができない」というふうに、もともと市場が生み出したものなのに制御不能になって、システムじたいを食い荒らしていく要素を、「ウィルス」に例えていることにも垣間見られるように、貨幣とウィルスのアナロジーは、非常に近い。(35) そして、宿主がいなくなればウィルスは生きていくことはできない。いまや紙幣もまたウィルスのように、取り憑き、増殖している。その支配を食い止めるためには、そのシステムじたいを疑ってみる必要がある。

ならば、そのシステムへのオルタナティヴである地域通貨にバロウズの肖像が載ることは、偶然というよりむしろ、ふさわしいことなのではないだろうか。『ノヴァ急報』の後半部、サブリミナル・キッドが映し出すハッサン・イ・サバーのフィルムには、ハッサンの言葉が文字で映し出される。「おまえが盗んだ色を返せ」。

緑の色を返せ。紙幣のために盗んだ緑を返せ。(中略)その緑を花とジャングルの川とそして空に、返せ。(一五〇)

ここでの「紙幣のための緑」とは、いうまでもなくアメリカ紙幣が緑色で greenback と呼ばれることに由来する。ノヴァの世界ではさまざまなものが言語に閉じ込められている。「色は言語に閉じ込められている」、「イメージは言語に閉じ込められている」（『爆発した切符』一四五）のである。その言語に閉じ込められた「緑」を解放しろとハッサンは言っている。そこで紙幣に言及されているのは決して偶然ではあるまい。『ノヴァ急報』に出てくる「時間・金・麻薬《ジャンク》の神々」に見られるように、バロウズ世界では、時間と貨幣と麻薬《ジャンク》はある種の親和性を持たされているからだ。貨幣と麻薬はともに時間によって育てられ、システムとして自己目的化していく。だからこそ、そういったシステムを疑い続けたバロウズの肖像が、貨幣システムへのオルタナティヴである地域通貨に載るのはふさわしく、我々はそこに偶然以上の意味を読み込むことができる。

バロウズの肖像が載った一枚の紙幣を手がかりに、アメリカの紙幣制度のはじまりと現在の我々を取り囲む自由市場の成り立ちの根源をベンジャミン・フランクリンに求め、そのオルタナティヴをバロウズと地域通貨に求めてみた。フランクリン的自由市場主義に対するオルタナティヴとしてのバロウズ的世界。それがどこまで有効なのかはわからないし、バロウズ的なものがすべての問題を解決するわけでもなかろう。それでもなお、フランクリンとバロウズが交換可能になったということには大きな意味があろうし、そこに象徴的に読み込めるのは、我々が生きてきた啓蒙主義以降のフランクリン的世界が限界をむかえ、ひとつの大きなパラダイムが終焉しつつあることなのかもしれない。

現代社会はグローバリゼーションによるさまざまな変化にさらされている。しかしそれは実は今に始まったものではなく、我々が生きてきた時代のパラダイムの延長線上にある。それが立ち行かなくなってきた現在、我々はどうするべきか。閉塞した状況を打破するには新たなるパラダイムを切り開くほかないであろう。たとえばゲゼル紙幣のような利子の否定や地域通貨は、資本主義経済の約束事を根底から覆す。それがユートピア的な思想に過ぎないのか、それともそれを実現可能なオルタナティヴとする力を、我々は持ちうるのか。

二十一世紀は始まったばかりである。

（1）William Burroughs, *The Job*（New York: Penguin, 1989）.
（2）紙幣をモデルとした作品を作り出すアーティスト、JSG・ボッグスは、こういった紙幣の一般的傾向に対する批判の意味で、従来紙幣には載らなかった女性で黒人の子供を載せた紙幣作品を作成している。
（3）David Standish, *The Art of Money*（San Francisco: Chronicle Books, 2000）, 104. たとえば現在でも口語ではドルのことを"buck"と呼ぶが、これはかつて毛皮が通貨として取引されていたことの名残である。
（4）Standish 116.
（5）Benjamin Franklin, *Autobiography*（New York: Penguin, 1986）, 61.
（6）Eric P. Newman, *The Early Paper Money of America*（Iola: Krause, 1997）, 330. また、フランクリンとネイチャ・プリンティングに関しては他にもNewman, "Newly Discovered Franklin Invention: Nature Printing on Colonial and Continental Currency," *The Numismatist*（1964）, 1-34. およびNewman, "Franklin Making Money More Plentiful," *Proceedings of the American Philosophical Society* 115（1971）, 341-349. を参照。
（7）詳細についてはNewman, "Newly Discovered Franklin Invention: Nature Printing on Colonial and Continental Currency" 参照。
（8）John R. Aiken, "Benjamin Franklin, Karl Marx, and the Labor Theory of Value," *Pennsylvania Magazine of History and Biography* 90（1966）, 378-84.
（9）たとえば一九〇一年発行のNational Bank Noteの一〇ドル札は、フランクリンが息子を伴って凧揚げをしているあの有名な実験現場をモチーフとしている。紙幣において、肖像だけでなくこういった伝記的エピソードまで表現されることは、稀である。
（10）Franklin, *Writings*（New York: Library of America, 1987）, 91. 傍点筆者。フランクリンの言説を支配する「印刷」的レトリックに関する考察としては、巽孝之『ニュー・アメリカニズム』（青土社、一九九五年）第三章「モダン・プロメテウスの銀河系」参照。
（11）Benedict Anderson, *Imagined Communities: Reflections on the Origin and Spread of Nationalism*, rev. ed.（1983: London and New York: Verso, 1991）, 61.

(12) Franklin, *Writings*, 735.
(13) James Cox, "Autobiography and America," *Virginia Quarterly Review* 47 (1971), 262.
(14) Franklin, *Autobiography*, 3.
(15) Nathaniel Hawthorne, *True Stories* (Ohio State UP, 1972), 274.
(16) フランクリンは印刷業によってお金を印刷しただけでなく、その職業を通じて相当なお金を作った、つまりは財産を築いた、ということも留意されるべきであろう。一七五六年から六五年のあいだに請け負った政府関係の印刷物では、紙幣印刷を除いても年二五〇ポンドが支払われ、フランクリンの年収は最終的には二〇〇〇ポンドにものぼったといわれている。その額はペンシルヴァニアの州知事の倍であり、当時のイギリス労働者の年収が四〇ポンド、弁護士が二〇〇ポンドであったことを考えると、莫大な額である。Gordon S. Wood, *The Americanization of Benjamin Franklin* (New York: Penguin, 2004), 54.
(17) Franklin, *Writings*, 1302.
(18) Franklin, *Writings*, 320.
(19) Franklin, *Writings*, 320.
(20) Mitchell Breitwieser, *Cotton Mather and Benjamin Franklin: The Price of Representative Personality* (Cambridge UP, 1984), 217.
(21) ジョン・グレイ『グローバリズムという妄想』石塚雅彦訳（日本経済新聞社、一九九九年）三頁。
(22) グレイ　一四八頁。
(23) ウォールデン・ベロー『脱グローバル化』戸田清訳（明石書店、二〇〇四年）四〇頁に引用。
(24) ノーム・チョムスキー『グローバリズムは世界を破壊する』藤田真利子訳（明石書店、二〇〇三年）一〇四頁。
(25) J・C・リュアノ＝ボルバラン、S・アルマン『グローバリゼーションの基礎知識』杉村昌昭訳（作品社、二〇〇四年）三八頁。
(26) ゲゼルのスタンプ紙幣および貨幣と利子に関しては、河邑厚徳＋グループ現代『エンデの遺言』（ＮＨＫ出版、二〇〇〇年）において大変示唆に富んだ考察がなされている。本論における多くのアイディアは本書に負っている。
(27) 田中優「未来バンク、そしてap bankへ ― カネを用いた「市民活動」の可能性」『at』0号（二〇〇五年）四四頁。
(28) 河邑厚徳＋グループ現代、一七八頁。
(29) また同じようにグローバリゼーションに対抗する試みとして坂本龍一やミスター・チルドレンの桜井一寿らが主催する「ap bank」をはじめとする各種の未来バンクがある。これらはエネルギーを中心とした環境活動や福祉に投資する非営利の銀行である。

（30）http://www.pitch.com/issues/2000-06-08/points.html

（31）William Burroughs, *Naked Lunch: the restored text*（New York: Grove, 2001), 203. 以下引用部の日本語訳に関しては鮎川信夫訳『裸のランチ』（河出文庫、二〇〇三年）を参考にしている。またバロウズ研究としては以下の文献を参考にした。山形浩生『たかがバロウズ本。』（大村書店、二〇〇三年）、Timothy S. Murphy, *Wising Up the Marks: the Amodern William Burroughs*（Berkeley: U of California P, 1997); Jennie Skerl, and Robin Lyndenberg, eds., *William S. Burroughs at the Front*（Southern Illinois UP, 1991); Davis Schneiderman, and Philip Walsh, eds., *Retaking the Universe: William Burroughs in the Age of Globalization*（London: Pluto, 2004).

（32）Burroughs, "Ten Years and a Billion Dollars," *The Adding Machine*（New York: Arcade, 1993), 47-51.

（33）Burroughs, *Nova Express*（New York: Glove, 1964), 4. 傍点部原文イタリック。

（34）Burroughs, *The Ticket That Exploded*（New York: Glove, 1967), 49.

（35）ベンジャミン・R・バーバー「消費する「自由」のある世界」『力の論理を超えて』（NTT出版、二〇〇三年）九二―一〇七頁。

【付記】本研究は平成一七年―一九年度の文部科学省科学研究費若手研究（B）の交付を受けている。

四足の時代に戻る人間——「シッステム」を解読する試み

田口哲也

本論に入る前にまず副題について説明する。本稿はその英語版を現在準備中で、その英語版のタイトルは“The Return of Four-legged Humans : Decoding the Shitstem”である。“Shitstem”はラスタファリアンの間で使われる英語で、意味的には“system”と同義であるが、ニュアンスが異なる。このことばを使うことによって立場が明確になるからだ。システムを守る側は「システム」と自らを命名する。逆にシステムによって苦しめられる側はそれを侮蔑を込めて「シット（クソッタレの）＋ステム（システム）」＝「シッステム」と呼ぶ。立場が違う人間が異なった用語を使うのは当然であるばかりでなく、体制側の言語上での支配力への大きな対抗にもなるのではないか。私たちはこのことばによる現実の支配という点で、体制側から大きく遅れているのではないか。再びラスタファリアンたちの英語だが、彼らはわれわれ（We）とはいわず、一人称の複数は私と私（I and I）となる。ことばにだって、と言うより、ことばにこそ、他人を支配する力がある。グローバリゼーションの議論に入る前にまずはこのことを明確にしておきたい。

1　ラスタファリアンの反グローバリゼーション

ピーター・トッシュの「判事がやってくる」（"Here Come the Judges," 1971）はいまだにその政治的有効性を失っていない。判事の短い前口上に続いて「舌による絞首刑」が全員に言い渡される。この続きをレゲエ風の日本語に再現してみるとこんな感じになる。

判事の登場だ
彼の声を聞け
神よ、アフリカの王を救いたまえ
誰か先に何か言っておきたい者がいるか
この正義の判事は判決を下す
今こそ言え、うれしくなるように言え
頭が狂うようではなく
というのもこの判事は容赦しないからだ

そしてこの後、「クリストファー・コロンブス、フランシス・ドレイク、バスコダ・ガマ、デイビッド・リビングストン、マルコ・ポーロ」など「アレキサンダー所謂大王」を含む十一人の歴史上の人物の名前が読み上げられ、彼らの六つの罪状が読み上げられる。

Something, somewhere went terribly wrong.
図　バンコクの街角で見かけたTシャツより

一　アフリカを略奪した罪
二　アフリカから黒人を盗み出した罪
三　黒人を洗脳した罪
四　三百年以上にわたって黒人を奴隷にしていた罪
五　理由なく五千万人以上の黒人を殺した罪
六　黒人に黒人自身を嫌うように教えた罪

このようなナレーションの間に「裁判所はチンモク、裁判はシンコー中」というややコミカルにさえ聞えるリフレインが何度も挿入されていく。

世界史は基本的に略奪と暴力の歴史である。大航海時代以来、所謂「世界システム」が構築されるまで、西欧列強はアフリカとアジアの骨のずいまでしゃぶった。このような白人による無法な略奪の最大の被害者がアフリカ人であることは明らかだ。

ボブ・マーリーだけが有名になってしまったが、ピーター・トッシュも忘れがたいラスタファリアンで、ボブよりもさらに明らさまな政治的メッセージを曲の中に取り入れたレゲエ・ミュージシャンだ。「判事がやってくる」は一九七一年に書かれているが、この時にすでに二十世紀で最も反グローバリゼーション的な内実をもった作品であった。

なぜかというと、(一) 白人と白人の書いた歴史に洗脳されていない、(二) 自分たち自身の信じるもの、その信仰に基づいた確固たる価値観を持っている (三) そしてつねにポジティヴで元気が出て来るような姿勢があること、の三つの条件を備えているからだ。

いま簡単に「反グローバリゼーション」と書いたが、本文中で用いる「サブオルターン・グローバリゼーション」との関係を述べ、本稿が辿る大まかな道筋を示しておきたい。

グローバリゼーションとは何かという議論は当然必要なので、まず古くて新しいこの問題について私の見解を示す。その次にグローバリゼーションに対抗する運動、これを今日のアメリカではサブオルターンと呼んでいるが、この問題について論じる。とりわけ対抗文化(カウンター・カルチャー)のモデルとなったビートやヒッピーなどの運動についても、アメリカの現代社会との歴史的な関連でとりわけ重要な部分なので、やや詳しく述べる。というのも現在認められる多くのサブオルターンにはかつてのビートやヒッピーが持っていた包括的な説得力が乏しいように思えるからだ。そして最後にグローバル化の進む私たちの未来には何が待ち受けているのかを考えてみたい。ではまずグローバル化の問題から。

2 資本主義のグローバル化はもう誰にも止められない

現在、世界はグローバル化されつつあると言う。しかし、グローバル化とは何だろう。よく言われるのが、労働・サービスを含む消費物資・資本、すなわちヒト・モノ・カネの自由な移動だ。この移動の自由が保障されるというより、実際にはこのヒト・モノ・カネの自由な移動をスムーズに行なうための枠組み作りが必要になる。この枠組み、あるいは枠組み作りが、実はマス・メディアが好んで報道したがるグローバリゼーションである。グローバル化とは何かというのはかなり漠然とした問いだが、何がグローバル化され、かつまたされ続けているかという問いには答えやすいはずだ。何がグローバル化なのかは、誰がこのグローバル化の枠組みを最もうまく利用して、この枠組みから最大の恩恵を被っているかを問うことになるはずだ。

水が低いところに流れるように、投資家の資金は金利や運用益が高いところに流れ、工場は労働者の賃金が低いところに流れる。投資家や経営者は常に自分たちにとっては最高の環境を探し求めるが、彼らの資金の流れを阻害したり、彼らが雇用する労働者の移動の自由を妨げる機関がある。すなわち国家（＝国民国家）である。この国家の規制を緩和して、資金や労働力の自由な流れを生み出すことがグローバリゼーションであると理解されてきたし、いまもその本質は変わっていない。

だがこの剝き出しの利益優先・拡大主義はあまりにもその露骨な姿を見せたために、政治的な対抗運動が、例えば、シアトルでの反ＷＴＯ暴動となって現れた。このような政治的な反体制運動を封じ込めるためにも、また、今後起こる可能性のあるグローバル化に反対する運動の芽を未然に摘み取っておくために、上でのべたヒト・モノ・カネのグローバルな展開を自由にするための枠組み作りの議論を沸騰させることがなによりの緊急課題となったのである。

グローバル化以前にもこのような資本主義の醜い姿は見られたが、グローバル化によって、上の比喩で言うなら、水の流れを妨げるものがどんどん小さくなっていっている。資本家は様々な新しいツールを作り出してこの理想郷を作り上げようとしている。*The Lexus and The Olive : Understanding Globalization*,（Farrar, Straus and Giroux, 1999）の著者で、過去に三度ピューリツア賞を受賞しているトーマス・フリードマン（Thomas Friedman）の新しい著書、*The World Is Flat: A Brief History of the Twentieth-first Century*,（Farrar, Straus and Giroux, 2005）のなかではアウトソーシング、オフショアリングなど一〇数項目に及ぶこの仕組みについての詳しい解説がある。この本のタイトルどおりにいくと、世界にはヒト・モノ・カネの流れを止める障壁はなにもなくなり、世界は文字通り「平らな」世界となる。

ただ、これら資本・労働の流動性は水の流れのような自然現象ではなく、人間が組み立てた仕組みの中で起こる。その仕組みの名前が資本主義だ。資本主義というのはその「主義」という訳語の響きによって、あたかも何か哲学を持っているかのような印象を与えるが、英語で言うと"capitalism"だ。このイズムというのは、共食いを「カニバリズム」というように、「そういうこころ、あるいはそういうこころを持ったひとたちの文化」の意になる。すると、「キャピタリズム」とは、欲望を数値化すること、さらには、欲望が介在する商品を生産し流通させることを最大の価値であると考える、奇怪な集団意志と考えてもよい。

資本主義は例えば動き回ることを止めると死んでしまうサメのように、利権を求めて泳ぎ続けるとか、様々な比喩を用いて語られてきた。次に紹介するジャニーン・ポミー・ヴェガ（Janine Pommy Vega）の詩のなかのイメージは秀逸である。「グラスホッパー（飛蝗）の時代で」というのがこの詩のタイトルだ。この詩は巨大なマンションを胃袋にして、世界の端をつま先立ちで歩くグラスホッパーのイメージで始まる。そして詩人はその後、具体的な数字をあげて世界中の男、女、子どもに必要な衣食住、飲料水、下水道設備、教育、医療などに必要な額が四〇〇億ドルであるのに対して、グラスホッパーの軍隊が防衛に必要な額は三五五〇億ドルで、誰も望んでいない戦争にかかる費用は、一千億ドルであると言う。そしてこのあと、すべてを食い尽くすように見えても、実際には少しは残しておく昆虫の生態と、容赦なくすべてを食い尽くす巨大なマシンであるグラスホッパーの「生態」がフーガのように対照されていく（Cohen and Matson : 270-271）。

ヴェガの作品が収められているのは、九・一一テロの約一年後、二〇〇二年の秋にアメリカで出版されたアンソロジー（詩華集）である。対抗文化が華やかだった六〇年代に「サンフランシスコ・オラクル」（San Francisco Oracle）を主宰した詩人、アレン・コーエン（Allen Cohen）がクライヴ・マットスン（Clive Matson）と共に編集にあたったのがその本で、題名は『目には目を、は世界を盲目にする』（*An Eye for an Eye Makes the Whole World Blind: Poets on 9/11*）である。

今まで述べてきたことを要約すると、グローバル化とは現在のところ資本主義のもっとも新しいバージョンで、ヒト・モノ・カネの国境を越えた自由な行き来を保障する、競争原理を極限にまで当て嵌めようとする利権集団の画策であると言える。別の言い方をすれば、大航海時代以来のヨーロッパの軍事的・経済的覇権の究極的な姿だ。そしてこのような究極的な姿をすんなりと確立するためには、軍事的・経済的のみならず、文化の上でも覇権を握らなければならない。

資本主義が不可避的に作り出す利権構造をイデオロギー的に支えるのが民主主義というポリティカル・ツールだ。民主主義の批判自体はスペースの関係で本稿では残念ながら取り扱うことができないことをあらかじめお断りしておく。資本主義は何度も破滅の危機を迎えながらもなぜこのような危機を乗り越えることができたかというと、それは資本主義がこのポリティカル・ツールを用いて自己カンフルを打つかのように、国家財政を自らの救済に使い果たしてきたからである。現在はこのツールは更に進化し、他国に侵略して、その地域の権益を奪うときにプロパガンダとして用いられるようにさえなった。

資本主義はちょうどエイリアンのように一つの生命体から次の生命体へと移り動いていく奇怪な生き物だ。消滅の危機に瀕するごとに新しいパラダイムを構築して生き延びてきた。かつてはナショナリズムに寄生していたかと思うと、今度は民主主義に乗り換えたり、さらには国際資本主義と呼ばれるものまで登場する。資本主義が国境を越えると国際資本主義になる。国際資本主義というと、まるでなにか大掛かりな組織のようなものがその背後に潜んでいるかのような印象を与えるが、なんのことはない、一つの企業や企業グループが国家（＝国民国家）の枠を越えて企業活動ができるということだ。このようなＴＮＣ（Transnational Corporation）にとって理想の世界がグローバル化された世界市場である。ミヨシ・マサオはすでに十年以上も前にＴＮＣについてこう書いている。

産業界のブルジョア資本主義者たちは強力、いままでよりも強力だ。だが彼らの用いる論理、彼らが仕える顧客、入手できるツール、占拠している場所、すなわち彼らのアイデンティティーはすっかり変わった。彼らはもはや全面的に国民国家にたよらなくてもいいのだ（Masao Miyoshi 1993 : 73）。

ミヨシによってすでに十年もまえに指摘されたことが、現在私たちにとっては日常の状態になっている。資本主義はその発展の最後の段階にきているのかもしれない。というのもミヨシの言うように、強力な資本主義にはいまのところ敵はない。資本主義は滅びない。もし滅びるとすれば、それはかつての社会主義のような何か新しい政治体制の出現によってではなく、おそらく資本主義自らが抱えている自己矛盾によって自爆するしかないのではないか。しかもまずいことに、どうやらこの資本主義の自爆へのトリップを止めることはもうできないかもしれないのだ。

3　サブオルターン・グローバリゼーションと六〇年代の対抗文化

ヒト・モノ・カネの自由な移動を促進するための文化的装置は、この究極の資本主義がとりうる最大の自由をたんに精神的に、あるいは世論的に保障するための装置だけではなく、むしろこのような資本主義の価値観を揺るがす可能性のある思想や運動の芽を事前に摘み取っておくための装置でもあることはすでに述べた。それに対して、このような装置、すなわちグローバリゼーションの言説に対抗しようという言説や表現活動も少なくはない。とりわけインターネットが予想を越える速度で広がりを見せる現在、世界中には様々な興味あるサイトが存在している。ネットについては複雑な問題が絡んでいて一概に断定することはできないが、サイトはあくまで電子掲示板上での「場所」であり、それ以上でも以下でもない。本当の意味で対抗するためには、電子的な情報のやりとりのあとでなにか物理的な力が働かなくてはならない。それはたった百枚のパンフレットを持って街頭に立つことでもよい。われわれの自由を制限しようとする権力とグローバルに、かつまたフィジカルに対峙しようとする限りにおいて、そのような活動はサブオルターン・グローバリゼーション（Subaltern Globalization）と呼ばれうる。それでは九・一一テロ後に詩華集を編んだコーエンとマットスンたちの試みはどうであろうか。

コーエンたちは主にEメールを使ってアメリカ、イギリス、オーストラリアに住む八〇〇人を越す詩人に呼びかけた。ちょうど九・一一の十年前の湾岸戦争の時に日本では詩誌「鳩よ！」で湾岸戦争についての特集号が組まれたが、そのとき白石かずこがファックスを使って世界中の詩人たちに呼びかけたやり方によく似ている。日米両方のアンソロジーを見比べて見ると、呼びかけのために使われたテクノロジーがファックスからEメールに変わった点を除くとほとんど何も変わっていない。コーエンたちは「未知の、混沌とした現象に名を与えて、それによって傷ついた心を癒す」（Cohen and Matson, vii）という古来の詩人の使命をあらためて果たそうとしたのだと言うが、果たしてこのようなことが可能か。コーエンたちのアンソロジーを開いて読んでいけばたちまち、他人（＝読者）の傷ついた心を癒すのではなく、むしろ自分のエゴを大きく膨らませる詩人のほうが圧倒的に多いのに気づく。

そもそも、活字を通しての詩の鑑賞といったものが、ごく少数の実作家たちの間に限られてしまい、多数の読者を獲得できなくなってからすでに久しい。アメリカでのアンソロジーに緒言を寄せたマイケル・パレンティ（Michael Parenti）が言うように、この事実がわかっていても、出版に踏み切らざるをえなかったのは、それだけ彼らの危機感が強かったからかもしれない。本来なら今までの多くのアメリカ人がそうしてきたように、この国に入って市民権を申請しようと思えばできなくもなかった人々が、そうではなく自爆テロという行為に走ったとき、アメリカ人たちは如何に自分たちが世界中の人々から嫌われているかを思いしったのであり、その意味で九・一一は詩人たちのパーセプションを大きく変えたと、パレンティは述べる（Cohen and Matson, x）。

アメリカ政府の独善性を批判し、反省する言説がアメリカの内部にもあることを教えてくれるという点においてコーエンたちのアンソロジーは意義深い。だが、いかにその選出方法に問題があろうとも、日本人が日本政府を選び、アメリカ人がアメリカ政府を選んでいるという事実は動かしがたい。だからかつての維新の志士たちのように「脱藩」して国籍を投げ出さない限り、私たちはこの政府の庇護を受け、恩恵に浴していることに変わりはない。そもそもヨーロッパも日本も、アメリカを中心とした政治・経済体制、さらにはそこから派生し、その体制を支える文化や、たとえばリストラを進めた企業が賞賛されるような世論をも追認しているのではないか（Jameson and Miyoshi : 247-270）。

マイケル・ハート（Michael Hardt）とアントニオ・ネグリ（Antonio Negri）がその大著『帝国』（*Empire*）の中で分析しているように、国民国家は常に危機の連続である（Hardt and Negri : 69-92）。アメリカもその独立以来、南北戦争を含み、何度も厳しい危機を経験している。二十一世紀の前半を生きるアメリカの支配層にとって直近の危機は、今なお六〇年代の公民権運動、ベトナム反戦運動、そして対抗文化ではなかろうか。この中にアメリカという国家を解体させるようなうねりが確かにあったはずである。

対抗文化はアメリカだけに起こったわけではなく、ヨーロッパのシチュエイショニストやオランダのプロヴォも忘れることはできない。だがシチュエイショニストの運動がそのパフォーマンス性においていかに画期的であっても、彼らは基本的に政治主義であり、啓蒙思想の大きな枠組みから自由になれなかったのに対して、アメリカの対抗文化は西欧的な知の枠組みを解体する可能性をもっていたし、だからこそ世界中の若者に次々と伝播していったと言える。対抗文化についてはずばり、すでに一九七〇年に *The Alternative Society : Essays from the Other World* を書いたケネス・レクスロス（Kenneth Rexroth）が、資本主義の原理とは違う原理の下での社会の可能性を語っている。レクスロスのカリスマ性に関してはこんなエピソードが残っている。

「タイム」誌の記者がレクスロスのインタビューにやってきた時の話である。この記者はレクスロスのエコロジーやアナーキズム、あるいは東洋文化への学識などに強い感銘を受けた。そして、自分の仕事がいかに空しいかを悟って、記者を辞めてヒッピーになったという。その結果、レクスロスは「タイム」誌の表紙を自分の写真で飾る機会を永遠に失ったらしい。

政治制度はより民主的で、手続きが透明で、そしてなにより自由と平等を可能にする制度のほうがいいのに決まっている。だが問題はいくら制度をよくしてもその制度の中で生きる人間の意識が昔と同じままではどうにもならないところにある。対抗文化はそうした人間の意識変革をめざした。だが、アメリカのベトナム戦争での敗北、ウォーターゲート事件などの民衆の政治への信頼をほとんどゼロにしてしまったような政治スキャンダル、マルカムX、キング牧師、ロバート・ケネディーなどの暗殺事件などの政治的テロ、そしてそのような社会の不安定をあざ笑うかのような、空前の消費文化の登場によって対抗文化は気が付くとメインの商業文化に飲み込まれていく。

ブッシュの二期目の選挙の後、「アメリカの四九パーセントが世界の九九パーセントに同意した」というジョークのバンパー・ステッカーがアメリカで流行った。まだこのようなジョークが出てくるアメリカは捨てたものではないし、なによりもバンパー・ステッカーというユニークな伝達媒体が面白い。そのアメリカが同時になぜ戦争マシンであり続けなければならないのであろうか。まだ話の途中で結論めいたことを言うのは問題かもしれないが、実はアメリカの現在のサブオルターンの原形となったヒッピー、対抗文化は、ひょっとすると本当に体制を粉砕し、新しい世界を作り上げるかもしれないと多くの当事者は感じていたのだ。ボブ・ディランの「ウィ・シャル・オーバーカム」は負け惜しみではなく、本当に勝利を身近に感じる歌であったし、日本でも岡林信康の「夜明けは近い」という歌が歌われた。ヒッピーと対抗文化の衰退は、危機に瀕した体制側が徐々に作り出していく一九七〇年代以降の空前の消費文化になぜ敗北してしまったのだろう。すぐに答えが出る類の問いではないが、ヒッピー、対抗文化のひとつ前の世代のビート（ビートニック）や必要であればアメリカン・ラディカルの源流まで溯ってこの問いが投げかける問題を考えてみたい。

4　ビートからヒッピー・対抗文化へ

対抗文化が五〇年代のビートニックから発展してきたとみる従来の俗説はビートに対する無知から生じたものである。五〇年代のアメリカは驚異的な経済的豊かさの中で、内実はマッカーシズムが荒れ狂い、保守的な価値観が強要される、恐ろしく退屈で、しかも異質な主張が封殺された順応主義全盛の時代であった。ビートはこの強固な順応主義の社会の中で異質な価値観を「浮上」させた個人の集まりである。特にグレゴリー・コーソ、ジャック・ケルアック、アレン・ギンズバーグ、そしてウィリアム・バロウズという東部出身の四人は文学表現に彼らの反抗の場所を発見することになる。

日本ではビートはごく一部の人たちを除けば、同時代的に体験し得た層は極めて少数である。ビートが知られるようになるのはむしろ対抗文化やヒッピー文化がセンセーショナルに報じられるようになった一九六〇年代である。このような時間のずれは戦後の日本社会とアメリカ社会の文化構造上のギャップを考慮すればしかたのないことであるが、その後もビートに対する理解が六〇年代とそれほど変わっていないのは如何なものであろうか。例えば研究社の『英米文学事典』の第三版のビート・ジェネレーションの項目は次のようになっている。

第二次大戦後、特に一九五〇年代のアメリカに現れた一部若い世代の作家たちを指す。彼らは周囲いたるところに混沌のしるしを認めると同時に自己の無力を痛感し、社会に背を向け、現在の瞬間のみを頼りに生きながら、感覚をとぎすますことによって自己の言語を作り出そうとするもので、その作品は主に dry で speedy な文体および仏教に由来する語句を用いて、性生活や犯罪行為や自己の存在の恐ろしさなどを扱う。この世代に属する者に、代弁者 Jack Kerouac をはじめ、Lawrence Ferlinghetti, Allen Ginsberg, John Clellon Holmes らがいる（西川・平井、九二）。

辞書的な説明に伴う制約を割り引いても、このような記述ではビートの実体を知ろうとする意欲が萎えてしまう。ところが皮肉なことに一般的なビートに対するイメージはこの西川正身の記述とほぼ重なり合っている。ジャック・ケルアックの小説の中に現れる傍若無人な若者を想像すればよい。ケルアックの『達磨行者』（*The Dharma Bums*）や『路上』（*On the Road*）のようなヒッチハイクで全米を放浪し、大酒を飲んでは大騒ぎをし、性的にだらしなく、生半可な仏教思想をかじっては大げさな議論を吹きかけ、自分たちの不道徳は棚に上げて体制批判を唱える、小説の中のキャラクターとしては面白くても、実際に自分の近くには決していて欲しくない自己中心的で、虚栄心が強く、めそめそした嫌な連中というのが、西川正身の定義である。そしてこの定義自体はそれほど間違ってはいない。

しかし、問題はなぜ彼らが「周囲いたるところに混沌のしるしを認めると同時に自己の無力を痛感し、社会に背を向け、現在の瞬間のみを頼りに生き」ようとしたか、そしてそれがなにゆえにマスコミの恰好のネタになっていったのかである。

ビートが反社会的であるということはよく知られている。その代表がバロウズだ。ドラッグ、ホモセクシュアル、拳銃などを赤裸裸に描き、一九五〇年代アメリカの中流意識に彼は徹底的に反抗した。一方、ギンズバーグは共産主義者が刑事犯とされるアメリカ社会の嘘を真正面から攻撃した。有名になった『吠える』（*Howl*）は同世代の最良の者たちがこの嘘の社会の中にあって狂気の世界に押し込められる現実に抗議し、犠牲となった彼自身の母や友人たちの魂を鎮魂する叫びである。ギンズバーグはバロウズとの出会いによって新しい意識の獲得が彼の住む重苦しいアメリカからの脱出口であることを学ぶ。ドラッグがこの新しい意識を獲得するためのひとつの手段であったように、ギンズバーグにとっては詩もひとつの手段に過ぎなかった。

彼らは、ヨーロッパの一部は別にしても、現在の日本やアメリカの基準から考えてすら過激な信条を持ちながら暗いアメリカの一九五〇年代を生きていたのである。第二次世界大戦が終わってもアメリカはなお戦争を続けた。冷戦構造は戦時体制の永続を意味し、ベトナム戦争が終わるまで、アメリカは共産主義の脅威に曝され続けた。国内的にはマッカーシズムの時代に作られた恐怖政治の堅固な構造が続き、FBIやCIAが猛威をふるい、体制に真正面から異議を唱えるラディカルな知識人にとってはこれは「ファシズム体制」以外のなにものでもなかった。『ファシズムの群衆心理』（*The Mass Psychology of Fascism*）や『性の革命』（*The Sexual Revolution*）を書いたウイルヘルム・ライヒ（Wilhelm Reich）は一九五六年に法廷侮辱罪と食品、薬品に関する法律（Food and Drug Act）違反に問われ、ペンシルバニア州ルイズバーグの連邦刑務所に送られ、八カ月後の一九五七年十一月に獄死している（Gay Talese : 173）。マッカーシズムの下ではライヒを支持するものは少なく、またメディアの扱いも小さかったのだが、バロウズ、ギンズバーグ、ケルアックなどは数少ないライヒの信奉者であった。だがそのバロウズ自身の本も長くアメリカで検閲の対象となり、ギンズバーグの『吠える』でさえ出版と同時に発売禁止となり、初期の版には伏せ字があったという（油本、三―六）。

空前の経済的繁栄は国民に体制順応を強要したのだが、これはアメリカの自由な伝統に反するものであった。皮肉なことにファシズム体制を打ち破ったはずの自由と民主主義の旗頭であるアメリカがこの「ファシズム体制」に苦しめられることになったのだ。それに対して、ビートニックたちのゲイやドラッグの文化は最も先鋭な対立として立ち現れたのである。

しかし時代は急変し、ビートは文化産業の装置のなかに組み入れられる。早くも一九五八年にはケルアックはスティーブ・アレン・ショーに出演して、ジャズに合わせて自作を朗読する姿がブラウン管の上に映し出されていた。人気を博した連続テレビ・ドラマ「ルート66」は明らかにケルアックの『路上』を下敷きにしたものである。エスタブリッシュメントと化したビートは大学の英文科のカリキュラムの中にさえ取り入れられるようになる。ギンズバーグは大手出版社のひとつである Harper & Row と一六万ドルの出版契約を結び、ついに一九八四年の秋には彼とスナイダーはアメリカの敵国であった中国に派遣されるという時代を迎えることになる。どこが狂っていたのだろう。

ギンズバーグが西海岸にたどり着き、ケネス・レクスロスの司会のもとで始まったサンフランシスコのシックス・ギャラリーでの朗読会で『吠える』を読んだときにビートが始まったとする説が今でも根強い。だが、この有名な「事件」は保守的価値観に反抗したビートという恐るべき子供たちと、もともとそのような保守的な価値観から自由であった西海岸のラジカリズムが結びついた奇跡的な一瞬を象徴しているに過ぎない。

レクスロスは一九八〇年のインタビューの中でサンフランシスコを中心とした西海岸の文化の中に、ヨーロッパ中心主義的なアメリカの既成文化に対抗しうる文化の可能性が存在していたことを明快に、しかもユーモアたっぷりに語っているが、この陸続きならぬ、東洋と「海続き」の文化的環境の中にこそ西欧を呪縛してきた伝統的価値観を打ち破るアメリカにとっての新しい文化の可能性が潜んでいたのである（Tonkinson : 321-347）。ヒッピーも、対抗文化も、ともにこのサンフランシスコのラディカルな文化の伝統上に咲いた花であるとも言える。

対抗文化が標榜した政治的なラジカリズム、奔放なエロティシズム、神秘主義、そしてオールタナティヴなライフ・スタイルは、レクスロスの言葉で表現するなら「愛のコミュニティー」に共通した意識のあり方のあらわれであり、それは借り物の東洋思想ではなく、「海続き」の西海岸で長年にわたって培養されてきた真正な東洋思想への共鳴の中で用意されてきた。エコロジー、菜食主義、平和主義などなどのヒッピーの見事な実践はどう考えてもキリスト教の伝統上にはない。

だが、レクスロスが言う「愛のコミュニティー」の考え方はシチュエイショニストにとってさえアナーキーであったためもあろう、あるいはまた、アメリカ人、ひいては人類全体が「愛のコミュニティー」からどんどん遠ざかっていく道を選択してしまったからかもしれない、とにかく東海岸発のビートニックを商業出版界が異様に後押ししてビートの一時代を作り上げてしまってからは、レクスロスが代表するような宗教的で、静謐で、神秘的で、エロティックで、政治的にはものすごくラディカルという西海岸の伝統がメディアから徐々に消されていくことになる。アメリカの同時代人にとっては百も承知の話であろうが、ＣＮＮを毎晩見ているとアメリカ通になってしまうこの国の人間はこの点は忘れるべきではない。

なぜこんな風になってしまったのか。それは一九五六年のサンフランシスコ、シックス・ギャラリーでの朗読会にまで話を溯らなくてはならない。この朗読会はアメリカ文学の歴史を変えた事件として有名であるが、この朗読会の成功を文字通りメディアとそのメディアに乗せられた俄か人気詩人・作家が乗っ取ってしまったからだ。メディア側のボスと俄か人気詩人・作家が「黄金の握手」をしているポンチ絵を思い描いていただきたい。というのも、このギャラリーは表現主義のいわば前進基地であり、あらゆる権威にたいして挑戦的であったのでよく知られていた。ケネス・レクスロスは画家としても優れていて、表現主義の抽象画の名作を数多く残している。したがって、このギャラリーとも繋がりがあった。レクスロスは一九五六年にこのギャラリーでウォルター・ローエンフェルズ（Walter Lowenfels）の朗読会を企画する。ローエンフェルズは *The Daily Worker* のフィラデルフィア版の編集者で、一九二〇年代の終りから三〇年代の始めにかけてパリのアメリカ人社会の中ではよく知られた詩人であった。ヘンリー・ミラーの『黒い春』（*Black Spring*）の Jabberwohl Kronstadt のモデルであったと言われている。ところが彼は当時スミス法に違反したかどで告発されていた。スミス法というのは一九四〇年に成立したアメリカの連邦法　Alien Registration Act の別称で、政府の暴力的転覆を提唱したり、それを提唱する集団に所属したりすることを刑事犯とみなすものである。共産党指導者たちを有罪にするために制定されたが、同時に外国人の登録・指紋押捺をも義務づけるものであった。ローエンフェルズは若い世代の間ではほとんど知られていなかったにもかかわらず、会場は若い聴衆で超満員となった。この予想もしなかった成功に勢いづいてレクスロスたちは次の朗読会を企画した。それが、ギンズバーグが『吠える』を初めて読んだ、伝説的なシックス・ギャラリーの朗読会となる（Rexroth : 101）。

5　私たちの未来

かなり文学史的な事件に首を突っ込みすぎたかもしれないが、なにしろ文学史の本には試験に役立つ以外のことはあまり書かれていないのでお許しいただきたい。アメリカのビートから対抗文化までの経験の中から教えられるのは、特に次の二点である。

一　ラスタファリアンの言う「シッステム」は極めて柔軟で、反体制的な運動が起こった場合、それが政治的であろうと文化的であろうと、その反体制の主力を体制側（＝「シッステム」）の中のプロパガンダにやすやすと組み込んでしまうこと。

二　レクスロスとバロウズとが特に対照的だが、エコロジーやフェミニズムを推進したレクスロスのようなポジティヴな思想家には「シッステム」は注目しないが、バロウズのような社会倫理からのネガティヴな逸脱に対しては「シッステム」は触手を伸ばし、センセーショナルなメディア情報へと変換し、大量に情報回路に流し込むことがある。

一九七〇年代のベトナム反戦運動で「シッステム」は何を学んだであろう。それはいままで何度か発してきた「なぜ対抗文化は消費文化」に敗れたのかという問いに答えるのによく似ている。あまりにも常識的な答えになるかもしれないが、「シッステム」が学んだのは、大衆が連帯したときの力の強さであり、またこの連帯が生まれる時の知識人が果たす役割である。大衆の連帯を防ぐためには、一つは連帯の場——それは抵抗のサイトと読んでもよい——をあらゆるレベルで排除していくことであった。街頭の設計から、大学のキャンパスまで、公共のスペースの徹底した管理から個人情報の管理までを進める一方、大衆の「主体」の断片化が進められていく。

主体の断片化とは、大量消費と情報化社会の推進によって、もはや人間ひとりひとりが自分の統一した身体感覚を維持できなくなっていくような現在の状況を指す。ひとつだけ例をあげてみよう。日本のほとんどのホテルには「ソフト・ポルノ」の有料専用チャンネルがある。だが、セックスに関する視覚・聴覚による刺激が氾濫する一方で、人間どうしによる自由な肌の触れあいの場はどんどん少なくなっていく。一種パラノイア的にまで消費者の欲望をテクノロジーによって掻きたて、決済はクレジット・カードでどうぞという仕組みなのだから、二十一世紀型のアメリカ＝日本社会で生きていて頭が変にならないほうが奇跡に近い。

エコロジーに関してはグリーン・ピースが、圧制に対してはアムネスティー・インターナショナルが、自然保護にはシエラ・クラブが、その他無数のＮＧＯ、ＮＰＯがあるのは喜ばしいことだが、これらのいわゆるサブオルターンのグローバリゼーションへの抵抗の割合はどのくらいであろう。とてもシッステムを脅かすものであるとは思えない。対抗文化が七〇年代以降完全なマイノリティーに転じてしまった理由は、資本主義側がヒト・モノ・カネの自由な移動を促進するためにＩＭＦ、世界銀行、ＷＴＯなどの政治的ツールを用いてグローバリゼーションのインフラストラクチャーをこつこつと作り上げてきたからだが、それのみならず、アメリカを盟主としたグローバリゼーションというプログラムを書き込んだ文化装置を手間暇掛けてシッステムが構築してきたのに対して、私たち個々の主体はメディアによって恐ろしく断片化されてきた。だから現在の多くのサブオルターンはその訴えの真摯さとは対照的に、マルチ・チャンネルテレビ、ディジタル放送、さらにはインターネットなどによって極端に細分化した情報経路の中のみの現象であり、その意味では六〇年代の対抗文化とは比べものにならないくらい現在の抵抗の場は絶望的に小さく弱い。

ブージュー・バントン（Buju Banton）はサブオルターンの中でも恐らくもっとも反体制的なレゲエ・ミュージシャンだが、彼のいくつかの名曲のひとつに「語り尽くせぬ物語」がある。その一部はこんな具合である。

走る余裕のあるものは走るだろう
だが走れぬものは？　止まるしかないだろう
機会は乏しい、乏しい産物だ
こんな時代に俺は言う「お袋がなけなしの金をはたいて
学校に送り込んだからには
ノー、ノー、遊ぶわけにはいかない」
ここは厳しい競争世界、低予算のひとたちには
十円使って、五円を稼ぐ
誰の腹をくすぐっているのか関係なく
俺の茶碗にはなみなみとあるからまあいいものの
こんな話、いくら話しても、いくら話しても
まだ全部じゃない
こんな話、いくら話しても、いくら話しても
まだ全部じゃない

六〇年代や七〇年代の日本やアメリカでは、まだこのような歌が歌われ、そしてかなり多くの若者がそれに熱烈な支持を与えた。レゲエの底は深く、われわれの生半可な理解の遠く及ぶところではないが、彼らの音楽の基

本とは、極めて単純なビートに乗せて、聴衆の聴覚的想像力に訴える物語（メッセージ）を歌い、踊ることにある。その意味では大阪の河内音頭に近いものがある。歌詞で使われるジャマイカ英語については冒頭でも触れたので繰り返さないが、彼らの音楽には私たちが失ったものがまだしっかりと残っている。それは一言で言えば主体性だ。だからその力強さはその主体性を共有するコミュニティーの力強さであり、そのクールさはそのコミュニティーの文化の高さをそれぞれ反映している。

アメリカ西海岸で二年ごとに開催される「レゲエ・オン・ザ・リバー」祭は、二〇〇五年もブージュー・バントンなどをゲストに迎え、大変な盛り上がりであったと聞く。それだけでもここ十数年本当の意味でのヒットソングを失った日本の音楽界と比べると羨ましい話であるが、今年の参加者の話によると会場に集まった観客は一万人で、ボランティアが五千人であったと言う。数だけで勝負を決めるというのは余りにも単純すぎると言うかもしれないが、この程度の数字では誰もあわてはしないであろう。

結論を述べると、グローバル資本主義を止める手立てはない。その自滅を待つしかないのだが、資本主義の自滅よりまえにこの地球そのものが破壊されてしまう可能性のほうが高い。なにしろペンタゴンには次の次の戦争（二〇〇五年の執筆時で言うと、今度のイラク戦争の次の次の戦争）を独立してプラニングしている正式な企画室があるという話であるから。

グローバル資本主義はアメリカに集中するものの、アメリカそのものではない。前述のフリードマンのことばを借りるなら、アメリカはまっさきに平らになったので、世界の資本、才能、労働力を今でも最もうまく引き寄せている国だ。カリフォルニア州の知事がアーノルド・シュワルツネッガーであることを思い出していただきたい。あるいは日本の自動車産業がどれくらい「進出」しているかを思い出してもらえばよい。だが皮肉なことに、この世界の富のかなりの部分を集中させている国の政治機構を「乗っ取れる」のはアメリカ人の政治家に限られているのだ。

だがすでに中国とインドという物凄い潜在力のある資本主義マーケットが登場しつつある現在、世界の政治経済地図が大きく塗り替えられて、アメリカの一極集中は案外早く終わってしまうかもしれない。今までのようなA国とB国の間の紛争を調整するブローカー役としてのアメリカはもう必要ではなくなり、A国とB国が直接問題を話し合うような時代がくるかもしれない。何が起きても不思議ではないが、地球環境はこのグローバリゼーションがもたらす環境破壊にそれほど長くは持ちこたえられないはずである。

だとすれば、経済成長を前提とする経済学ではなく、地球環境の切り盛りを学ぶ学問であるエコロジー（生態学）をメインの学問にすえて、経済学はエコロジーを支えるための黒子役に徹するべきではなかろうか。学問をそのような方向にもっていけるのは学者だけだから、また学者の責任も大きいと言える。本稿にもしばしば登場したケネス・レクスロスはアウトドア・ライフの草分けでもあり、若いときには盟友のジェイムズ・ロックリン――後に詩集を中心とした文学作品の出版で一世を風靡したニュー・ディレクション社の創設者――と一緒に長い間、山の中でキャンプ生活を送ったらしい。私たちもできるだけ四足だった時代に戻る努力をするしか、もはや地球の破滅を防ぐ方法はないのかもしれない。だが、問題はそのような生き方への回帰は、今までの歴史の方向とは完全に反対の方向、すなわち前近代の生き方に戻ることでもある。進行しか考えてこなかった、体験してこなかった私たちがはたして退歩を考え、そしてその退歩の一歩を踏み出すことができるのであろうか。

参考文献

油本達夫「古沢氏安二郎訳・ギンズバーグ『咆哮』の後書きについて」及び古沢安二郎「『咆哮』覚えがき――"Honi soit qui mal y pense"――」、*North Beach Quarterly*, Vol.3, No.1, 3-6。

Cohen, Allen and Matson, Clive (eds.), *An Eye For An Eye Makes the Whole World Blind: Poets on 9/11*, Oakland, California, Regent Press, 2002.

Friedman, Thomas, *The World Is Flat: A Brief History of the Twentieth-first Century*, Farrar, Straus and Giroux, 2005.
Hardt, Michael and Negri, Antonio, *Empire*, Cambridge, Massachusetts, Harvard University Press, 2000.
Jameson, Fredric and Miyoshi, Masao (eds.), *The Cultures of Globalization*, Durham and London, Duke University Press, 1998.
Masao Miyoshi, "A Borderless World? From Colonialism to Transnationalism and the Decline of the Nation State," *Critical Inquiry* 19, no.4 (1993) : 726 (732)-51.
西川正身・平井正穂編『研究社英米文学辞典』第三版、研究社、一九八五年。
Rexroth, Kenneth, *The Alternative Society: Essays from the Other World*, New York, Herder and Herder, 1970.
Talese, Gay, *Thy Neighbour's Wife*, London, Pan Books, 1981.
Tonkinson, Carole (ed.), *Big Sky Mind: Buddhism and the Beat Generation*, London, Thorsons, 1996.

グローバリズムとアメリカの精神分析

川畑直人

1　はじめに

甲南大学の森茂起さんより、「グローバリズムと精神分析」という題名で原稿を書いてほしいという依頼があった。本稿はその依頼に応えるものである。

森さんは、私がアメリカで精神分析を学び、また帰国前に九・一一の同時多発テロを現地で経験したということをご存知だったようで、そうした視点もふまえて、アメリカのグローバリズムと精神分析についての私の考えを書いてみてはどうかという勧めであった。確かにあのとき、燃え上がるワールド・トレード・センターが崩れ落ちるのを目の前にし、また、砂煙の舞い上がるダウンタウンを彷徨った経験のある私にとって、グローバリズムとは何か、そして、それが私の学んだ精神分析とどのような関連があるのかは、無関心ではいられないテーマであった。

しかしながら、その一方、そこで問題にされている事柄が何なのか、十分につかみきれないというのも正直な感想であった。どうしても、精神分析とグローバリズムとのつながりを理解することができない。とりあえず、ブッシュ的な外交政策ということでいえば、それを支持するアメリカの精神分析家には、いまのところお目にかかったことはない。そもそも、精神分析は、アメリカ人の気質にあっているわけではないというのが、アメリカで精神分析を学んでもっとも印象深かったことの一つであった。別のところでも書いたが、ニューヨークの友人が、私に語ってくれた言葉を忘れることができない。「考えてごらん。ライフルを撃って喜んでいる人々が、心の内面を見つめるといったことに関心があるはずがないじゃないか。」

一口で言えば、アメリカにおいてすら、精神分析は決してメジャーではない。それがどうグローバリズムと関係を持ちうるのか。とりあえず、この疑問から始めるしかないと思った。

2　アメリカの精神分析とグローバリズムの関係について囁かれていること

とりあえずアメリカの精神分析とグローバリズムの関係について、何かが囁かれているらしいということは分かった。しかし、なにが囁かれているのか、私は完全に無知であった。そこで、森さんに論点を整理していただき、それをもとに私なりの意見を、それに付け加えるという形で稿を起こすことにした。

森さんによれば、本書で用いる「世界化」という言葉は、ジャック・デリダの mondialisation の訳として使われるもので、一般化しているアメリカ主導のグローバリゼーション globalization とは区別される。つまり、アメリカ的価値の一元的支配ではなく、多様でローカルな価値を含みこむ「あるべき」「来たるべき」世界化を指すとのことである。私が担当するこの章は、心理療法、精神分析の「世界化」を扱うもので、西洋に発する精神分析あるいは心理療法という営みが、現在および未来の世界化の中でどのような状況にあり、どのような方向に向かうのかが問われているという。

文化的差異に対する感受性ということについていうと、現在のアメリカの精神分析家たちは、かなり進歩的であるというのが私の印象である。それは、私がいた研究所がかつて文化学派と呼ばれた対人関係論に依拠する場所であったからなのか、あるいは、アメリカの精神医学、心理学領域において、異文化理解の教育が浸透してきているからなのか、真の理由は分からない。しかし、一昨年、日本に招いたパイン博士の講演においても、二十一世紀の精神分析にとって、異なる文化の視点が重要な役割を果たすだろうという指摘があった。文化的相対性の認識は、精神分析家たちの間でも、動かしがたい一つの流れではないかと思う。

しかしながら、森さんの指摘には、アメリカの精神分析が、デリダのいう「世界化」というよりも、アメリカ的価値の普及に一役買っているという認識が含まれているようにみえる。森さんが指摘して下さった点を、もう少し細かく整理してみたい。

（1）デリダは、主体、覇権を解体するはずの精神分析自体が支配構造を形成して硬直化していると批判している。

（2）十川幸司は、精神分析が「残酷性」を扱わなくなったとして、自我心理学から関係学派に至るまでのアメリカ精神分析、精神分析のアメリカ化を批判している。

（3）江口重幸は、アメリカの精神分析支配自体、フロイトのアメリカ訪問、第一次大戦（戦争神経症）、第二次大戦（分析家の亡命）を経た歴史的産物であると主張している。

（4）その支配への反発が治療のマニュアル化、すなわち「誰でも」一定水準の治療を行える精神医療の後押しをしていると推測される。

（5）ヨーロッパ以上に医学内部に精神分析が浸透し、社会的ステイタスのシンボル的役割を果たしたこと自体、一元的な価値を求めるアメリカ的現象の一部かもしれない。

（6）精神分析家をパロディ化した物語や映画が多いことはその現象への揶揄かもしれない。

（7）アメリカ自体が決して一元的でないことも意識しているが、現在のグローバル化は、臨床の分野も含めアメリカ主導の色彩が濃い。

(8) ただし、サリヴァン、トンプソン、フェレンツィの出会いは、アンナ・フロイト、自我心理学の経路とは別の「もう一つのアメリカ化」をたどる上で重要である。

(9) 江口によれば、心理療法のニッチ(niche)が時代によって推移することは普遍的現象で、今後、非西洋世界を含めて心理療法がどのような「棲み分け」にいたるのか、あるいはますます一元化するのか無関心ではおれない。

(10) ちなみに、スマトラ沖津波の被災国への援助の中で、「いままで多くのケアの方法論が伝えられたが、土地の文化にそぐわないものはすべて失敗した」という報告があった。

(11) また、PTSD概念が現在の臨床に及ぼしている影響も大きく、その中でフロイトよりジャネに学ぼうとする動きがヴァン・デア・コルク等から生まれ、一〇〇年の精神分析の歴史を相対化する働きをしている。

これらはもちろん、森さんが本の趣旨を私に伝えるために、いくつかのアイデアの断片をかき集めてくれたものである。(1)から(3)は、デリダ、十川、江口の主張をまとめたものである。(4)から(7)は、それらの主張を踏まえ、推論されたことである。(9)から(11)は、このテーマからややはずれるが、連想されたものである。これらが一貫した森さんの主張であると誤解してはならないが、やはり、この断片的なアイデアの背後には、アメリカの精神分析が、アメリカ主導のグローバリズムの一翼を担っているという仮説があるようにみえる。そこでまず、この仮説の出所を特定する必要があると思った。

3　デリダ、江口、十川の主張

まず、デリダ、江口、十川の主張について整理してみたい。彼らは果たして、アメリカの精神分析を、どのようにグローバリゼーションと結びつけているのであろう。

フランスの哲学者デリダのエッセイ、Psychoanalysis Searches the States of Its Soul: The Impossible Beyond of a Sovereign Cruelty[1]は、フランスにおける講演をもとに、英文で公刊された *Without Alibi* に収録されている。この本の中でデリダは、言語行為論の再検討を行うと同時に、ある種のパーフォーマティヴである「出来事」について考察している。グローバリゼーションをはじめ、デリダが関心を寄せるさまざまな問題が、本書を貫く第二の主題として、それにかぶさってくる。Psychoanalysis Searches the States of Its Soul では、今日われわれが直面している世界的規模の残虐性に対して、精神分析がどのようにして、今までにない新たな洞察を提供できるのか、厳しく問いかけている。

この文献から、デリダが、精神分析の可能性に大きな期待を寄せると同時に、制度として構築された現在の精神分析に対して、批判的なポジションを取っていることは何とか読み取ることができた。しかし、批判のポイントがどこにあるのか、英文のテキストだけから正確に把握することはできなかった。幸いなことに、その点については、日本語に訳された精神分析家ルディネスコとの対話集『来たるべき世界のために[2]』の中に、より分かりやすく書かれていた。

この対話集の中で、デリダは、「精神分析の友」という表現を用い、それによって、「制度的身分なき参入の自由」を主張する。デリダによれば、「精神分析の友は同業団体に帰することなく、同業団体の本体内部で働いていたり苦しんでいたりするひとたちに真実を言う義務ではないにしても、法権利を要求」（二四二頁）するという。ここで同業団体とは、国際精神分析協会（International Psychoanalytic Association）やアメリカ精神分析協会（American Psychoanalytic Association）のことを指すのであろう。こうした協会のメンバーシップは、協会が認める精神分析研究所で所定の訓練を遂げた者に与えられる。精神分析家ではないデリダが、精神分析に対して発言するポジションは、この「友」というスタンスだというわけである。そしてこの「友」としてのスタンスから、機構制度として構築された精神分析を、脱構築するのが、デリダの狙いのようである。たとえば、この対談では、精神分析の機構制度に存在するヒエラルキーや、機構制度が非精神分析的な政治モデルに依拠していることなどが問題にされている。

しかしながら、こうした批判的論調の中に、アメリカの精神分析がグローバリズムの担い手であるという認識は見当たらない。国際精神分析協会が一定基準の精神分析を広めようとしたということや、アメリカにおいて精神分析が経済的な仕組みの中で競争に巻き込まれざるを得ないということが、論点として取り上げられてはいるが、アメリカ精神分析がグローバリズムの担い手であるという主張はない。

グローバリズムとの関係でいえば、デリダが問題にするのは、むしろ、精神分析がそこで生じる諸課題に対して、積極的に取り組もうとしていないという点である。デリダによれば、『世界化』と結びついた司法的、倫理的、政治的な新情勢に見合う、根本的な（さらには再―創造的な）省察が見受けられ（二五九頁）」ないという。そこで省察されるべき問題とは、「人道に対する罪」、「ジェノサイド」、主権の制限、国際刑事裁判所の計画、死刑廃止論の諸問題や進展などである。このように、グローバリズムのなかで、精神分析に積極的な省察を鼓舞することこそが、デリダの本意であり、それは Psychoanalysis Searches the States of Its Soul から一貫しているように見える。

紹介されたもう一つの文献、江口重幸の「心理療法の歴史をたどり直す(3)」は、精神分析が定着する前、二十世紀初頭のアメリカの心理療法の歴史をたどるもので、やはりグローバリズムを扱うものではない。ただし、二十世紀初頭のフロイトの野心については、いくつか触れられており興味深い。たとえば、フロイトは、アメリカで精神分析運動を展開するために、すでに有力であったプリンスやジャネの折衷許容的な見解に批判を集中したという。そこで描き出されるのは、複数のパラダイムを許容するプリンスやジャネらの立場と、自らを唯一の科学的理論と主張する精神分析の対立構図であり、江口はこの構図によって、二十世紀初頭のアメリカの心理療法の展開を説明している。

これは、大変興味深い歴史認識である。しかし、そこで明らかなのは、フロイト自身の覇権的な意図であり、それを現代のアメリカの精神分析と同一視するわけにはいかない。私が読む限り、江口もそのような同一視をしているようには思えない。

そして、その後のアメリカの精神分析の行方を考えるとき、アメリカの精神分析は、フロイトのグローバルな覇権願望を単純に継承したとは考えられない。江口によれば、フロイトは、国家的な規模で市民すべてに精神分析を施行する将来の国家像を思い描いていたが、その際には、分析という純金に、直接暗示という銅を合金する必要があることも認めていた。つまりフロイト自身は、折衷を許さぬ純粋な精神分析の普及と、折衷の犠牲を払ったより広い普及という、相容れぬ選択肢を意識していたといえる。この点で、アメリカ精神分析協会は、週四回以上のセッション、カウチの使用といった形式的な面でも、治療者の中立性、匿名性を前提に、解釈と洞察によって治療するといった内容的な面でも、純粋な精神分析の保存に努めてきた。アイスラーによるパラメーターという概念が採用されたのも、それがこの純粋な精神分析からの逸脱を概念化するものであり、純粋な精神分析という概念の保持に役立ったからである。つまり、その選択は、純粋性の保持であり、結果として、広い普及には制約が加えられることになる。実際、アメリカの心理療法の歴史では、行動療法、ヒューマニスティック・アプローチ、家族療法、認知行動療法といったさまざまな立場が、精神分析と拮抗し続けてきた。そうした中で、精神分析家は、自らを限定された囲いの中に置いてきたのである。

もちろん、長い歴史の中で、アメリカのアカデミズムが精神分析的な方向性を支持し、また一般の社会でも、精神分析を求める患者が増え、保険会社がそれを後押しするという時期があったことも事実である。このような流行現象を捉えるのに、江口がいうように、「ニッチ（niche）」という隠喩はまさに打って付けである。しかし、その後の歴史が教えるところは、こうした流行が永続的なものでないということである。今や、アメリカの精神分析は、グローバル化どころか、国内ですら存亡の危機に瀕しているのである。

以上、デリダと江口の論点を先に見てきたが、そこにアメリカの精神分析とグローバル化の結びつきを直接示唆するものはないし、そのような含みを引き出すこともできなかった。最後に残されたのが、十川の『精神分析』[4]であるが、そこにはアメリカの精神分析の流れに対する批判と、グローバリズムとの関連を示唆する箇所がたしかにある。

十川はまず、フロイトが一九〇九年にクラーク大学からの招聘を受け、渡米した際に、歓迎する人々に驚き、同行したユングに対して「彼らは我々がペストを持ってきたことを知らないのだ」と言ったという逸話に注目する。このペストという言葉が何を意味するかは、想像にまかせるしかないが、十川はそれを「未知の転覆的要素」であろうと推測し、それは社会に対して攪乱的に働き、社会から歓迎されないものであるが、アメリカの精神分析はこの「ペスト」から毒を抜いて飼い慣らすことであったと指摘する。

十川は、アメリカにおける自我心理学の台頭、そして薬物療法の流行と精神分析の科学性の批判の中で台頭してきた関係論は、この毒を抜く動きであったという。そして、グローバル化との関係でいうと、特に後者の関係論は、フロイトの経験を極端に薄め、その上澄みだけを取っているため、当たり障りがなく異なった文化にも受け入れられ、世界に広がっているという。これは「ＤＳＭによる普及による精神医学のファースト・フード化と歩調を同じく」（九頁）するものだと十川はいう。

ここで、精神分析が含む「毒」というのは、なかなか面白いテーマであると思う。たしかに、精神分析には、見たくないこと、知りたくないこと、感じたくないことを、自分の生の経験のなかに取り戻していくという目標があり、それは時に、個人や、個人を取り巻く社会に不快感を引き起こす面があるというのは同意できる。しかしそれを「毒性」や「毒々しさ」と表現することが適切かどうかは分からない。人間にとって知ることは喜びという側面もあり、それを価値のあることとして文化的目標に位置づけることは、全く不可能とはいえないはずである。いずれにしても、「毒」あるいは「残酷性」という表現は、あまりに比喩的であると同時に、ポリティカルな力を持つレトリックとして使われかねないことに留意しなければならない。最もラディカルなポイントを軸に、そこからの距離によってメンバーシップを規定しようとするのは、精神分析の党派活動においても常套手段であった。それはさておき、次に、自我心理学と関係論に関する私なりの認識を示し、いくつかの論点について考えを巡らせてみたい。

4　自我心理学

自我心理学が科学性を好むアメリカ人の気風とうまくマッチしたという言説は、たしかにいろいろなところで聞く。アメリカの精神分析が、医学との密接な関係を築くために、自我心理学的な衣が都合よく働いたというのは本当なのかもしれない。しかし、自我心理学を奉じるとされるアメリカ正統派の精神分析、言い換えるとアメリカ精神分析協会に所属する精神分析家や研究所が、適応的自我機能を作業モデルの中心に据えているというのは誤った認識であると思う。そうした精神分析家たちが注目するのは、あくまでも欲動とセットになった防衛機能という自我の働きである。つまり自我、エス、超自我という構造論をベースに、防衛の働きを前提として欲動をみていくという、後期フロイト理論以外の何者でもない。

そもそも、精神分析家とは、分析の研究所で訓練を受け、その後、週四回以上カウチを使った標準的な精神分析を施すことを生業とする人々である。そうした人々にとっては、精神分析は神経症に限るべきというフロイトの奨励があろうとなかろうと、治療の対象となる人々の層は限られてくる。適応的自我機能に障害がある人々は、対象候補から自然と抜け落ちざるを得ないのである。だから彼らにとって、ハルトマンの自我理論がありがたかったのは、「平均的に期待できる環境」が与えられる限り、生得的自我機能は保障されているので、それに対して関心を払うことなく、精神分析に専念してよいという、お墨付きが得られるという点である。自我に障害のある患者に対して、いかに精神分析的な作業が出来るのかといった問題に取り組む人々は、むしろ少数派なのである。

私が、アメリカに渡ってみて意外に思ったことの一つは、このことに関連している。エリクソンの自我同一性理論にせよ、マーラーの分離・個体化理論にせよ、あるいはベラックの自我機能研究にせよ、比較的アカデミズムとの接点がある理論や研究は、閉じられた精神分析サークルの中ではほとんど影響力を持っていない。古典的な分析の研究所で教えられるのは、基本的にはフロイトなのである。

こうした精神分析サークルの体質は、よく言えば、古典を尊び、限られた範囲の中で出来る仕事をこつこつと続け、それを伝承していこうとする、実直さということになる。悪く言えば、獲得したステイタスにしがみつき、理論や技法の革新を排除する保守主義ということになるだろう。この点の評価は評価者の基準によって左右されるものである。いずれにせよ、アメリカの精神分析が、適応的な「自我機能と外界の関係に焦点を当てる治療」(六頁)になったとはいいにくい。

5 関係論

それでは、十川がグローバリズムに重ねてみる、もう一つのアメリカの精神分析の動きに話を移してみよう。関係論は、精神を、欲動をベースに理解する個体論的な視点ではなく、他者との関係という視点から見る諸理論を、包括的に捉えるために提案された概念である。その名付け親が、ニューヨークの精神分析家ステファン・ミッチェルである。彼は、ウィリアム・アランソン・ホワイト研究所出身で、対人関係論を学んだ人であるが、英国の対象関係論、とくにフェアバーンの理論と、サリヴァンの理論の類似性に関心を持ち、その比較研究に取り組むようになる。そして、フェアバーンに限らず、フロイト以後の精神分析のさまざまな学派の分枝が、個体論的なフロイトの欲動学説が排除していた関係論的な視点を取り入れることで生じてきたことに気づき、それらを関係論的なパラダイムとして位置づけたのである。

ミッチェルの考え方は、ホワイト研究所という一研究所を超えて、広く全米の分析家たちにインパクトをあたえ、さまざまなバックグラウンドを持つ分析家たちが、ミッチェルのもとに集うようになった。その拠点となったのが、ニューヨーク大学の博士取得後精神分析家養成プログラムである。このプログラムは、大学の中、しかも心理学専攻の大学の中に設置されたという点で、大変ユニークなもので、それまでの分析研究所が持っている閉鎖的な体質を捨て、より自由な学問的な交流や討論が行えるように設計されていた。しかし、当初は、フロイディアン・トラックと対人関係論・人間性心理学トラックという二つのグループに分かれ、相互の交流は不活発で、また自己心理学や英国対象関係論を含み込む余地を残していなかった。そうした状況の中、一九八八年に、第三のトラック、「関係論」トラックが設けられ、ミッチェルはその専任スタッフの一人となったのである。

そこに集結した人々とは、フェミニズムと間主観性の視点に立つジェシカ・ベンジャミン、フェレンチ研究を進めるルイス・アーロン、ウィニコットに依拠しつつ独自の二者心理学観を展開させるエマニュエル・ゲーントをはじめとして、対人関係論をベースに対象関係論的な考え方を取り入れ、特に退行と解離に着目するフィリップ・ブロンバーグ、多元モデルのアプローチをとるドリス・シルヴァーマン、間主観性を奉じる現代自己心理学派のジェームス・フォッサージュ、愛着理論を軸に諸理論を統合するモリス・イーグル、ウィニコット、ビオン、ラカンの統合を目指すマイケル・アイゲン、発達心理学、心理言語学、女性学を背景に持つエイドリアンヌ・ハリス、そして自己心理学理論に基づく母‐乳児観察研究を進めるビートリス・ビービー、人種、階級、文化についての精神分析的探求を目指すナイル・アルトマン、ガダマーの解釈学を援用しながら対人関係論を展開させるドンネル・スターンなど、多種多様である。(5)

しかも、関係論を巡る議論を進めるのは、このニューヨーク大学のプログラムに関わるメンバーに限られるわけではなく、フロイディアンのオーウェン・レニック、セオドール・ジェイコブスや、自己心理学派のロバート・ストロロウ、社会構成主義を唱道するアーウィン・ホフマンなどが、学会、シンポジウム、雑誌、書籍などを通して、活発な討論の輪に加わっている。つまり、関係論学派とは、統合された一つの精神分析理論、あるいは技法論に依拠するものではなく、さまざまな背景や視点を持つ分析家たちの緩やかなディスカッショングループという方が近い。

二十一世紀を目前にミッチェルがこの世を去り、二〇〇一年に入ると、関係論の国際協会（IARPP）や、ステファン・ミッチェル関係精神分析センターといった、関係論の組織が設立されていった。そうした動きを見る限り、関係論の勢いが衰えるという気配は今のところない。しかし、関係論に親和的であった人々の中にも、こうした組織化の動きに対しては、距離を感じている人々もいる。組織の縛りから離れ、思索の交流の場として自由に行き来が出来たという点が、関係論の魅力であったとすれば、組織化によって、議論が硬直化するのではないかという懸念が生じるのは、理解できるところである。

さて、このように書いてきて、それではこの関係論がグローバリズムとどう関係するのか、と考えると、はたと困ってしまう。どう考えても、つながりが見出せない。私が四年間いたホワイト研究所は、ミッチェルをはじめとして、関係論を推進する中心的な人物を輩出した研究所であり、その意味では、関係論の展開を比較的間近で見ることができたと思っている。しかし、関係論について知りえたことについて、どれだけ記憶をたどっても、薬物療法、科学性の批判、DSMとのつながりは思い当らない。

科学性に関してのみ、一つ思い出すことがある。生前最後のミッチェルの授業のなかで、彼は、解釈学的な方向性をもつ現代の精神分析理論に対し、フロイトのメタサイコロジーが自然科学重視の理論であったと説明していた。それについて、私は、外見は科学的であるが、彼の言説を飲むか飲まないかのドグマであったという点で、非科学的ではないか、むしろ、臨床の現実と照合しながら、理論の取捨選択が出来るという点で、現在のほうが科学的とはいえないか、とたずねた覚えがある。彼の答えは、「そうも言えるかな」程度のものだったと記憶している。このやり取りから推測するに、彼は関係論をより「科学的」であると考えていた様子もないし、精神分析の科学性批判を気にしていた様子もあまりない。

そもそも関係論は、そんなに世界に広がっているのだろうか。少なくとも、日本ではほとんど関心をもたれていないように思う。イギリスの事情については、私はほとんど知らない。しかし、少なくとも、関係論の考え方がイギリスに逆輸入されて、イギリスの精神分析に影響を与えているといったことは耳にしたことがない。アメリカではどうだろう。確かに、ミッチェルと関係論という名前は、アメリカの分析家なら名前くらいは知っているだろう。しかし、たとえば、関係論と対人関係論の区別ができる人が果たしてどれだけいるだろう。おそらくアメリカ精神分析協会所属の分析家のほとんどは、その違いを聞かれても当惑するだけであろう。アメリカというのは、とにかく広い国なのである。

6　アメリカ精神分析と孤立主義

アメリカの精神分析とグローバリズムの関係を考える上で、もう一つ取り上げておくべき歴史的な事実がある。それは、非医師に対する訓練の制限をめぐる、国際精神分析協会とアメリカ精神分析協会の対立である。多くの国において、分析の訓練が医師以外の職種にも開かれているのに対し、アメリカにおいては、長い間、分析の研究所は医師のみを受け入れてきたという経緯がある。このことについて、少し歴史を振り返っておこう。

アメリカに精神分析家の協会が発足したのは国際分析協会が発足した翌年、一九一一年のことである。アメリカ国内には公式の訓練機関は存在しておらず、協会は、分析に関心のある人々の自発的な集まりに過ぎなかったという。その後、一九三〇年代にいたって各地に分析の研究所が設立されるようになり、独自の訓練が始められるようになっていった。しかし、当時、分析家の訓練を始めとして、さまざまな事柄について国際分析協会から制約が課されていた。そうした制約を取り除き、独自の裁量権を確立するために、アメリカ分析協会は一九三八年に一つの規約を制定する。「一九三八規約」と呼ばれるこの規約には、分析研究所には精神科医の入学しか認めず、またアメリカ分析協会には、それまでにヨーロッパで訓練された一部の非医師アナリストを例外として、一切、精神科医以外を入会させないという条項が盛られていた。第二次世界大戦の勃発によって、国際協会との連絡が途絶えるという状況の中で、アメリカ分析協会はこの規則を一方的に通してしまった[6]。

こうした規約が作られる背景について、ワーラーシュタインは三つの点を指摘している。第一は、当時、アメリカには分析家を標榜するいかがわしい似非宗教家のような人々が跋扈しており、それらを淘汰する必要があったこと。第二は、アメリカの精神医学を精神分析の擁護者にしようとする狙いがあったこと。そして、第三は、経済的な理由である。そこには、ヨーロッパにナチスが台頭し、多くのユダヤ人分析家が新天地を求めアメリカに移住しはじめていたという事情が関係している。移住してくる分析家の三分の一から半分にかけてが、非医師の分析家であったと言われており、アメリカの分析家は顧客を失うことを怖れたわけである。

その後、アメリカの精神医学は力動的な色彩を強め、一九五〇年代、一九六〇年代にその頂点に達する。その意味で、アメリカ精神分析協会がとった方針は、功を奏したといってよいのだろう。しかし、一九七〇年代に入ると、精神医学の分析離れが始まり、生物学的な研究や、投薬を中心とする治療が主流となっていく。分析家になろうとする医師は減り、医科大学でのポストも奪われていくようになる。そして、非医師の受け入れという問題については、一九八五年に起こった訴訟によって、終止符が打たれることになる。博士号をもつ四人の臨床心理士が、アメリカ精神分析協会の告訴に踏み切ったのである。訴状は、不正な独占取引を取り締まるシャーマン・アクト the Sharman act に、アメリカ精神分析協会は違反しているという内容である。被告は不当に分析の訓練を医師のみに限定し、原告及び原告が代表する臨床心理学者から、分析の訓練を受ける機会を奪っているというのが、原告らの主張であった。訴訟は四年にわたって続けられ、一九八九年に双方の和解調停が成立し終結する。被告のアメリカ精神分析協会は研究所入学の機会を心理学者にも開き、協会員である分析家が、協会所属以外の研究所で分析を教えることを許可したのである。

ことの顚末はともかく、ここで強調したいのは、一九三八年にとった、アメリカ精神分析協会の姿勢である。フロイトの覇権的野望を継承する当時の国際精神分析協会とは別の路線を進み、国内の分析家の権益保護を優先させるアメリカ精神分析協会の政策は、ある意味で、アメリカの外交政策である「孤立主義」を連想させる。それは、規制による国内統制を強め、国内の一元的支配を目指すものであるが、あからさまな覇権主義とは一線を画すものである。

現在のアメリカの精神分析は、こうした規制による一元支配の破綻をすでにくぐり抜けている。そして、理論的には、自国で生まれた自己心理学や関係論、対人関係論、そして、英国の対象関係論の流れを活発に取り入れるようになり、全体として多元化の方向に向かっていることは確かである。しかし、活発なのはあくまでも吸収の方向であり、一元的なアメリカ的価値の排出といったこととは無縁である。一九三八年にとったアメリカ精神分析協会の方針が、アメリカの精神分析の性格を決定したなどと主張するつもりはない。ただ、アメリカの精神分析家たちと接する中で、時々感じるのは、彼らはそれほど国外に関心を持っていないのではないかということである。関心があるのは、基本的には自分達の足下なのだと。

7　おわりに

最後になったが、最初に挙げた論点で、ここまでに触れることのできなかった点について、簡単に意見を述べておきたい。

まず、(4)から(7)にかけての指摘については、私としては、一つのポイントを再度強調することで答えになるのではないかと思っている。つまり、精神分析がアメリカを支配したという認識そのものが、大きな誤謬だという点である。考えてみてほしい。アメリカというのは、面積にしても、人口にしても、巨大な国である。例えば、テキサスの田舎で、車で何時間もかけて、毎日、精神分析家のもとに通うということができるだろうか。週に何度も分析家のオフィスに通うというのは、自宅や職場の付近で分析家のオフィスを見つけることができる、密集した都市においてはじめて可能になることとである。その点で、ニューヨークは、最も適した都市の一つである。しかし、同じニューヨークの中でも、ゲットーに住む黒人や、中南米からやってきた貧しい移民たちが、精神分析を受けに来るであろうか。意外なことだが、ニューヨークに住む最もオーソドックスなユダヤ人たちも、けっして精神分析を受けることはない。彼らの文化では、家族の恥を、他者に漏らすことは許されないのである。さまざまな人種、文化的背景、経済的地位、そして問題の性質があるなかで、精神分析が適合するのはごくわずかである。

それでは、アカデミズムとの関係はどうであろう。たしかに、アメリカは、力動的な精神医学が根づいた数少ない国の一つである。しかし、大学で、理論として精神分析が教えられるということと、医師が精神分析家になるということは別の問題である。精神分析家になるには、精神分析の研究所で一定の訓練を受けなければならないが、研究所のほとんどは、大学とは全く独立した存在である。これは心理学も、全く同じである。大学で精神分析の理論が教えられる、あるいは、精神分析の本が心理学専攻の学生に読まれるということと、精神分析を受ける人がいるということは、全く別の問題である。このことは、日本の現状を見ればよく分かるはずである。

このような視点に立てば、アメリカが一元的に精神分析によって支配され、それに対する反発として、精神医療のマニュアル化が進んでいるという見解そのものが成立しないことが分かるだろう。マニュアルへの指向性は、あくまで、治療の経済効率、そして治療者の養成の経済効率を上げるという流れで起こっていることである。そして、この流れこそが、本来のアメリカ的合理主義をよく反映しているように思える。

このマニュアル志向という点では、むしろ災害に対する心理的ケアやPTSD概念の方が、よりその性格を強くもっているように思われる。つまり、被災後にグループを作って話を聞くのがよいといったマニュアルができあがると、被災者のおかれている状況、文脈、文化的環境を無視して、そうしたアプローチが推し進められる危険性がある。心的外傷と、その後遺症として生じる精神症状を、直線的に結びつけるPTSD概念も、さまざまな個人的要因を捨象し、一つのカテゴリーにまとめるのに適した診断概念である。私は、阪神・淡路大震災とニューヨーク同時多発テロ事件において、被災後の心理的ケアに関わったが、災害による心理的な影響の出方は、被災した人間の人生の文脈と切り離して考えることはできないと痛感している。地震やテロ事件のように、被災の規模が膨大な場合、ある程度のマニュアル化はいたしかたないとは思う。多数の非専門家の助けを借りながら、迅速に、広域にわたって、支援を展開しなければならないときは、まさに介入の経済効率が求められるときである。もちろん、そのような場合であっても、精神分析的な理解は、さまざまな文脈の中で何が起こっているのかを理解する助けになると考えるが、精神分析療法そのものが災害時の介入にもっとも不向きな方法であるという点に異論はない。

それではなぜ、これほど、精神分析が力を持ったというイメージができあがったのであろう。奇しくも、森さんは、精神分析をパロディ化した物語や映画のことに言及しているが、私はむしろこのメディアがもつ表象の肥大効果が、問題を解く一つの鍵ではないかと思っている。メディアによって伝えられる情報は、特定の領域に焦点を合わせ、それを拡大して見せるので、受け手がもつ表象は肥大化する傾向がある。日本を訪れる海外の観光客から、芸者という制度について意見を求められて困惑することがあるが、これは逆の良い例である。メディアによる表象の肥大化によって、私たちはずいぶん歪んだ他国観をもつものである。精神分析の場合、私たちは、翻訳を中心とした文献を通して、それに関する情報に触れることが多いが、書物を通して膨らませる私たちのイメージが、いかに現実と異なるのかを体験できたことが、海外に渡った最大の収穫の一つであると思っている。

今回の依頼のおかげで、アメリカの精神分析とグローバリズムの関係について、いろいろ考えを巡らせることができた。唯一心残りなのは、私自身が学んだ対人関係論について書くことができなかったことだ。しかし、それは仕方のないことである。その拠点となるホワイト研究所は、設立の時からアメリカ精神分析協会には属さず、独立を貫いてきたいわば異端である。グローバリズムとの距離はますます遠い。

結局、結論めいたことを書くなら、デリダの次の言葉でしめくくるのがよいであろう。

「精神分析は数多くの抵抗にさらされたままになっています。（中略）精神分析の入植はかくも狭隘なままにとどまっています。」（二五六－二五七頁）

よその国の、ある学派の精神分析が、勢力を拡大しているのではないかといった杞憂にとらわれるよりも、私たちはまず、自分が住むこの生活空間のなかに、なぜ精神分析が存在しないのかを考えるべきであろう。

(1) Jacques Derrida, Psychoanalysis Searches the States of Its Soul: The Impossible Beyond of a Sovereign Cruelty. in *Without Alibi*, Stanford University Press, 2002, 238-280.
(2) J・デリダ、E・ルディネスコ『来たるべき世界のために』藤本一勇・金澤忠信訳、岩波書店、二〇〇三年。
(3) 江口重幸「心理療法の歴史をたどり直す」村瀬嘉代子・青木省三編『すべてのこころの糧に』金剛出版、二〇〇四年。
(4) 十川幸司『精神分析』岩波書店、二〇〇三年。
(5) Aron, L., *A meeting of minds: Mutuality in Psychoanalysis*, The Analytic Press, NJ, 1996.
(6) Wallerstein, R. S., *Lay Analysis: Life inside the controversy*, Analytic Press, NJ, 1998.

抽象への逃走
――脱規範的思想傾向のメタクリティーク

西　欣也

1　はじめに

真理の探求に携わるはずの哲学思想において「絶対の真理」「不変の真理」「永遠の真理」といった語彙が端的に誤見の象徴として用いられるようになったという事態は、考えてみるならば奇妙である。もちろん、哲学は真理というものの成り立ちに関してより深い注意を払っているからこそ、真理の唯一性を容易には信じないのだと言うこともできる。その不信の根拠にも、確かに正当なところがある。いわく、誰にとっても、どの時代・どの文化においても等しく通用するような「不変」の真理などあるのか。真理の尺度というのは、人間集団がそれぞれの環境条件の下で作り上げるものであり、したがって自らの正しさを「絶対」のものと見なしてしまうとしたら、それは真理の基準が多様である事実を認めない尊大な思考態度ではないのか。

こうしたアーギュメントは、現在、私達のあいだでおよそ反論の余地のない説得力を獲得している。事実、哲学的議論に限らず日常生活においても、昨今では「絶対に正しい」といった言葉をうっかり口にすれば、健全な思考力を欠いた公式主義者と受けとられかねないのではなかろうか。だが、私達のあいだで今や自明視されているこのような考え方を、一つの時代の思考の様式と捉え、それがいつから、どのような経緯で形成されたのか、その論理がどれほどの拡がりを持ち、私達の社会意識の中でどのような働きをしてきたのか、といった点を批判的に問い直すことを、この小論では目的としたい。ことわるまでもなく私達は、その精神傾向にまだなかば所属している。一般には、人が未だその影響下にある時代を振り返り、あるまとまりをもった論理的特質をそこに見出そうとしても、論者たちの問題関心自体がその思考様式によって支配されているあいだは、それが一つの輪郭を持ったものとして姿を現すことは期待できない。現に、二十世紀の最後の四半世紀に思想界を方向付けてきたその「知」のあり方は、私達にとって未だに多くの点で新鮮であり刺激的である。また、その思考原理に助けを得て検証し直さなくてはならないまま残されている現象も少なくない。しかし一方で、人間精神をより深い次元で問い直すものと信じられたこの論理形態も、自明のものとしてそれ自体が徐々に公式化し、照らし出される思想史的対象の側へと確実に位置をずらしつつあると思われるのである。

対象領域から距離をとり難いことと並んで、対象領域が広大に過ぎるということも、私達の考察にとって障壁となるかもしれない。これから検討される思考様式は、日常社会における実感的な価値判断から、批評をはじめとしたメディアにおける言論、さらには高度に抽象化されたアカデミックな著述までを漠然と覆っている。哲学思想の領域一つをとってみても、この精神傾向を内在させた思潮は、記号論、解釈学、文化人類学、構造主義、ポスト構造主義、ポストモダニズム、精神分析、ジェンダー論、カルチュラル・スタディーズといった分野にまたがる。言うまでもなく、これらの思潮の内部には、矛盾し合う要素もあれば、大きく変貌を遂げた思想家もある。そもそもこれほど多岐にわたる領域を一つの全体構造のうちに理解することに果たしてどれほどの有効性があるのか、という異論も予想されるところであろう。しかし、ある思潮が完全に一様でないということは、そのままそれが全くの無軌道であることを意味しない。その内部でとりあげられるテーマや関心は一つ一つ違っていても、それらが次々に知的刺戟を与え続けてきた背後には一貫した思想的動因が存在すると想定しうるのであって、たとえそれが複合的なものであるにせよ、この動因を包括的な観点から多少とも明確にしていくことこそ、思想研究の取り組むべき課題であると考えるのである。

この小論が敢えて不釣り合いに広くまた近い考察対象を探求しようと試みるもう一つの根拠は、自らの所属する全体状況を構造的に捉える努力の不在が——後に明らかにするように——それ自身、この思考態度の日本への浸潤の結果の一つであると考えるからである。現に欧米の批判的知識人のあいだでは、ここ三十年ほどのあいだ思想界において隆盛を見た一連の新たな思想について、醒めた立場からその論理構造と機能を省察する試みが早い時期から提出されてきた。[1] しかも、そうした動向には問題の核心に鋭く切り込んだものが少なくない。むろん、このような評価が、評価されている思考様式の内部から「反動的な」ものと判定され、敵視ないしは軽視されている事態もまた存在するとはいえ、[2] 一方の日本においては、そうした別様の視点が対抗勢力として根付くことすらなく、庶民的な心情表明から専門書籍の論述まで一様なロジックが浸透するなか、その状況を相対化することが禁忌とされているようにすら見えるのである。本論は、トータルな現状認識を欠いたこの状況へのささやかな挑戦としても企図されている。

2 「新たな知」の探求

ヨーロッパにおいて知的伝統への厳しい抵抗の結果生み出された思想が、日本に流入すると、伝統的生活感情と安易に接合されて本来の社会的意味を変化させることがある、という観察をおこなったのは、一九五〇年代における丸山真男であった。[3] この考察が提出されてのち半世紀間にわたり、知識人が「ヨーロッパ最先端の知」を貪婪に摂取してきたプロセスを現在から振り返ってみると、この分析がいかに予言的な意味を持っていたかに驚かざるをえない。丸山の念頭にあったのは、「ニーチェの反語」や「オスカー・ワイルドの逆説」であったが、彼の洞察は、「記号論」や「ポスト構造主義」さらに「カルチュラル・スタディーズ」のような諸学問の波及にあたって生じた事態にこそ、一層よくあてはまるように見えるのである。

一九七〇年前後から、ヨーロッパの知的文化的伝統を種々の新たな視点で再検討する同時代の学説が日本へと熱心に紹介されるようになったが、そこでの知的興奮は、なによりも、導入された知がかつての「固定した枠組み」から自由である点に由来していた。まず目につくのは、「既成の学問領域の横断」である。中村雄二郎のような哲学者、山口昌男のような文化人類学者、木村敏のような精神病理学者、丸山圭三郎や池上嘉彦のような言語学者にとって、主要な関心事は、もはや特定の学説や分野内部の個別事象ではなく、それらの基底に共通して見出されるダイナミズムの諸形態であった。このダイナミズムは文化事象全般に見出されるものであったため、これに対する理論的関心を共通の基盤として、専門分野の境界を超えた共通の探求をおこなうべくコミュニケーションを広げることが、学者や批評家にとっての常識となったのである。「硬直した」「既成の」観念からの自由は、彼らの叙述内容においても、新しいタイプの理説が当のダイナミズムを見出す際の符丁となった。言語をはじめ絵画、音楽、映画やモードに至るまで、文化ならびにその総体を構成する意味生成の作用は、首尾一貫した不動の体系としてではなく、歴史的動態と多様性のうちに解き明かされていった。こうして、私達を取り巻く世界が、透明な記号によって写し出されたものではなく、「表象」や「言説」のコードに従って制度的に把捉されたものであり、常に流動的な社会的制約のもとで構成されているに過ぎないとする理解は、今日にまで至る批判的思考のノームとなる。

一九八〇年代の「ニュー・アカデミズム」に代表される現代思想ブームや、一九九〇年代以降に一般化する「カルチュラル・スタディーズ」は、このようなボーダーレスで動態志向的な思考スタイルの普及に一段と活力を与えた。アカデミックな論述と批評的な言論とのあいだの境界線は次第に消失し、人文学と社会科学、ときには精神科学や生物学といった分野を結ぶ広大な領野における認識構成への関心は、やがて一つの道義的な貌をもった共通の問題意識を形成する。それによれば、人間の意味生成行為がもともと多様で動的なものであるとしたら、一地域としてのヨーロッパの知の伝統が特権的な地位に立って現実を完結した思考秩序のうちにとり収めようとしてきた歴史的経緯は、根本的な反省を迫られなくてはならない。人間精神の秩序が「真理」や「正義」の名のもとに閉め出してきたもの、「周縁」へ追いやったものやあるいは抑えつけてきたものに対して、新たな視線を注ぐという任務が定められるのである。以前にはロゴスによって照らし出されることのなかった領域や、理性に対してより価値の低いものとして貶められてきた対象、すなわち理性にとってかつて「他者」であった厖大な問題圏が、こうして浮上する。「狂気」「未開」「欲望」「身体」「エロティシズム」が続々と注目を浴び、それらの領域や対象をめぐる排除の歴史が検証される。これに並行して、より原理的なレベルにおいては、暴力的に統御・制約・規範化しようとする理性の「権力」作用に対して疑問を投げ掛けるものとして「両義性」や「差異」「非同一性」のような対抗原理が提出され、そうした反＝統合の論理を象徴する「解体」「漂流」「分散」「遊戯」等々のキーワードが、よりリアルな説得力を獲得する。

このような一連の思考は、あらゆる領域において現状に向けられる批判的思考のモデルとして、ことにリベラルな知識人のあいだでは常識化している。のみならず、哲学や社会科学のようなアカデミズムの外部においても、一見あたりまえに見える考え方や価値観がそれぞれの文化や歴史的状況によって「作られた」産物であり「それだけが唯一正しい見方ではない」という認識は広く定着しており、本論の冒頭に触れたような「絶対的真理」への不信にしても、その一つの表れであるに違いない。しかしながら、本論においてあらためてその問題性を考察したいのは、ほかならぬこのような思想状況の総体なのである。なぜならそこには、丸山が日本の思想移入一般の問題として捉えたアイロニー、すなわち本来進歩的であった思想が日本においては政治的反動に変貌するというアイロニーが、姿を現し始めていると考えるからである。事実、丸山の言うところの、ヨーロッパ学説が「日本の地盤において現実に持つ意味」を具体的に検証してみるならば、外見上はきわめてラディカルな懐疑の姿勢の遍在と、その批判的効力の希薄さとのあいだに、奇妙なミスマッチが認められるのである。

例として、文化全般にわたる「表象」制度の再考に向けて目下さかんに論じられている「政治性」を一瞥しよう。そこでは、女性や少数民族や精神病者のような社会的弱者が歪められたかたちでイメージされ語られてきたいきさつが再吟味され、彼らに対して正当な自己表明の声が賦与される。その際に注意すべきことは、こうした理論展開の前提として、政治の概念そのものの「再検討」あるいは「捉え直し」あるいは「洗練」が用意されなくてはならない、という点である。しばしば見過ごされていることであるが、集団形成における権力や支配の史的形成をどのように公正に解釈し、これをアイデンティティ解放の理論に反映させていくかといった意味での新たな政治概念が提出される際、政治政党や労働運動や国際機関のような政治媒体を通じて私達の周囲にある種々の制度へ働きかけ、これを変革してゆく構想は、一旦議論の埒外におかれる。そこでは政治が文化の一現象として静観的に解釈される分析対象へと解消しているためか、驚くほど多様な事象が「政治」の観点から論じられるのとは裏腹に、議会政治や自治体参加のような、具体的政治過程へのアクティヴな関心を誘うことは、「表象の政治学」をめぐる新たな思考の視野にはほとんど入ってこないのである。

言うまでもなく、植民地主義批判やフェミニズムをはじめとする平等化のための運動において、新しいタイプの政治的実践が功を奏している現場があることは無視できない。しかしそれと共に広く認められるのは、むしろ、政治概念の無化とは言わぬまでも、実効性のあるアクションとしての政治から文化事象としての政治への抽象に基づいた、政治概念の縮小化とも言えるものではなかろうか。「政治性」を論じる言説が増える過程に並行して、社会一般における政治意識が深まりを示すどころか、かえって無関心によって蝕まれ、日本社会全般の著しい保守化が進行してきたことを考慮するならば、政治への抽象的関心の高まりと具体的レベルでのその空洞化とのパラレリズムは、重大な問題を投げ掛けているように見える。そして事実、この政治概念の脱政治化に象徴されるような論理のメカニズムこそ、戦後の後半期における欧米からの思想移入の問題性の核心に関わっているのである。

それでは、この機制は、同時期に日本に導入された思潮の全体とどのような関係にあり、何がその浸透を促進してきたのか。丸山真男の考えたように、外来思想の本来の意味を「順応」へと変換してしまうようなパターンそれ自体が、日本思想史の悪しき「伝統」であるのだろうか。なるほど、原理的関係や文脈への配慮なしに、ありとあらゆる言葉や論理を持ち込み、それらを無原則に「雑居」させている日本的精神状況そのものが、「思想の歴史的な構造性」を失わせる、という丸山の洞察は卓越している。だが興味深いことに、彼が日本思想史から抽出したこの傾向は、彼の考察以後に欧米の思想状況についてなされた思想史研究の成果とも、響き合っている。そこで私達は次に世界の思想状況へと目を転じ、過去三十年間に先進資本主義諸国に共通して優勢となったとされる思考様式の全体像と問題点を原理的なレベルで浮き上がらせることにしよう。

3　脱規範的思考の反転構造

一九七〇年代以降に世界的に浸透した思想潮流について簡略な全体像を得るには、ピーター・デューズによる次の三要素への取りまとめが有益である。[4]（一）一般に規範と呼ばれているものが究極の基盤を持たず、全ての知はコンテクストとの関係で相対的に決定されているとする「反基礎づけ」の考え方。（二）完結した自己決定能力のある合理的な行為主体として人間を見る近代哲学の伝統への疑念。この立場から、主体はむしろ意志と無意識や欲望とのあいだで「分断」され、あるいは「葛藤」を内包したものと見なされる。（三）ヨーロッパの言説の普遍主義的傾向が文化的、民族的、性的等々の差異を深く顧みなかったことを問い直し、これまで抑圧され排除されてきた「他なるもの」を再認識しようとする姿勢。もっぱらこれら三つのモチーフに突き動かされつつ、理性による統御と進歩に対して根本的な猜疑を表明するこの一連の思想を、多くの論者が「ポストモダニズム」という名で総称している。だが「ポストモダニズム」という語は、殊に日本語においては、これらの思考原理を内包した動向に比べてはるかに狭い範囲を示すキャッチフレーズとして、しばしば否定的なニュアンスとともに用いられる。この語に代えて端的に「理論 theory」という語を用いる論者もあったが、[5]しかしこの語は逆に思想史的探求にはあまりに一般的であり、やはり不向きであると言わざるをえない。私達の考察においては、唯一の中心を持った規範へと収束する結果「他者」や「差異」を排除してきた精神機構一般への反撥といった意味で、右の原理を一括して脱規範性の論理と呼ぶこととしたい。

この脱規範的な思考様式が影響を与えてきた知の領域は無辺であり、既に略述したプロセスを通じて日本へと熱烈に迎え入れられた一連の言説もまた、このような思考態度を主要な動機としつつ、それ以前の知的伝統の組み換えを試みてきたことは容易にうかがわれよう。しかしすでに触れたように、広く受け容れられている一方で、脱規範の思考原理には一連の批判者もある。もっとも日本においては、双方の関係はたとえばハーバーマス派とポスト構造主義との信条の違いからくるアカデミックな「論争」としてのみ紹介されており、当の思考原理そのものの含意する思想史的問題性を正面からとり上げ、その影響とメカニズムを深く究明しようとする論考はほとんど見られない。ここでは、脱規範的な思考様式に対して最も説得力に富む異論を展開しているテリー・イーグルトンの議論を参照することで、この論理を包括的に再検討する基礎を得るものとする。

受容理論やポスト構造主義が批評の枠組みを急速に変換しつつあった一九八〇年代の初頭に『文学とは何か』を著してそのラディカルな可能性を紹介したことで知られているイーグルトンが、一九九〇年代に入ると、同じ思潮の果たした反動的役割を厳しく論難し始め、現在では脱規範的な論理形成に対する最も辛辣な批判者として知られているという事実は、それ自体として一考に値する。[6]この変化について、彼がその思想スタイルにおいて保守化したものと考えるのは皮相な見解に過ぎないし、ポスト構造主義をはじめとする批判的言説が俗流化されたかたちで普及した経緯が問題とされていると考えることすら、外面的な理解に過ぎるかもしれない。というのも、イーグルトンは、一九五〇年代の丸山真男と同様に、抽象的構成物としての思考原理が社会的存在として何を実現しているかを、常にそのつどの歴史的状況との具体的連関の中で見据えているがゆえに、言説そのものの政治的機能の変容に対して鋭敏柔軟に反応してきたと考えられるからである。

イーグルトンは、「一元化」「体系化」「排除」「権威」等々を大胆に拒絶するかに見える脱規範的な立場の理説が、往々にして自らにのみそうした規範を許しているという皮肉な構造に着目する。たとえば、根本的な反省を迫られているとされる「西欧近代」や「プラトン以来の形而上学の伝統」といった観念が、いかに暴力的で画一的な一般化に依拠して構成されていることであろう。あるいは、ヘーゲルやマルクスに代表されるとされる「進歩主義」的「目的論」的歴史観を時代遅れの幻想として葬り去る姿勢が、いかに明白な進歩主義的歴史観を体現していることであろう。しかし、イーグルトンによるこうした視点の提示は、どのような言説も結局のところ規範を必要としているという事実を揚げ足取りに指摘することによって規範への警戒を無効化するといった意図からなされているわけではない。なるほど彼は「ヒエラルキー」「普遍性」「本質」「メタヒストリー」「目的論」のような、脱規範の立場からすれば過去の神話に過ぎない諸概念が、今日においても十分に有効であることを説明してみせる。[7] しかし彼がそこから導き出すのは、規範のはたらきを抽象的・一般的なレベルで否定することの浅はかさである。

脱規範化の思考様式は、人間理性の規範に伴う不正が「抑圧」や「排除」のような現実として眼前に横行しており、これに向けられる言述が変革や実践へ向けての力を持つような条件下では、有効であるばかりか、大いに必要でもある。新しい思索形態が西洋の知全体のあり方を問題視し、その原理の再考を開始した際、イーグルトンがそれらの意義をいち早く捉え、『文学とは何か』を書いたのは、彼がこの必要性を認識したために違いない。

しかし、脱規範化の言説行為もまた人間理性の外部からなされるものではありえず、その意味で「排除」や「抑圧」を免れているわけではない。言い換えれば、意識の上での「理性の告発」の提示もまた、言表行為としては、「排除」や「抑圧」に立脚した理性のはたらきを通じてしか、なされないのである。したがってその批判的有効性は、言わば言説外にあって言説が向けられる歴史的状況との関係性によってかろうじて決定されているに過ぎないのであって、新たな機会に同じ言明が反復される際には、すでにその保証はない。それにもかかわらず、理性の自己批判の正当性が個別状況とのバランスによって保証されていることに対するこの認識は、状況を離れた言説内容として脱規範の論理が急速に普及し再生産されてゆくプロセスにおいて、無造作に失われていく。その結果、本来は思考そのものの不寛容さに向けられる強靭な反省の中で形成された「排除」や「抑圧」のような記号が、全ての規範化の一般傾向として文脈と無関係に流通する——要するに、暴力的な一般化という、批判されていたはずの規範の問題性が、脱規範化の言説そのものの中に回帰することになるのである。脱規範化の機能が反転し、「非＝規範が規範となった」[8]というこの事態こそ、イーグルトンが一九九〇年代に見出した問題性であった。だとするならば、イーグルトンが脱規範的思考の空洞化を看過しえなかったのは、同じ思考のもつ優れた批判力を顕誉した際と同様の均衡感覚のゆえであったと見ることができよう。

イーグルトンの議論から私達が学んでおくべき重要な点は、脱規範化の論理そのもののうちに、ごく容易に自らの批判的実質を裏切ってゆくような脆さが内包されているということである。一般に、思考が思考の前提そのものを自己言及によって問い直す場合、外部の対象を批判する場合と全く同様に、意識へと抽象化された内容面でその事実を捉えることが不可欠である。脱規範化する思考はこの作業に従事するのだが、その際、批判的意識そのものにおいて遂行される規範化には無批判とならざるをえない。この構造連関を念頭に置くならば、脱規範化の論理が規範の悪しき伝統に対して「反撥している」と見る捉え方は一面的に過ぎないことが分かる。より正確に言えば、脱規範的傾向の言説とは、ドグマ的規範への意識内容面での対立と、ドグマ的規範化の遂行的・形式的な尊重との矛盾に立脚しているような言表形態なのである。ところが、このような実質的関係性そのものを伝達することは言語には不可能であるばかりか、これに留意し続けることがきわめて困難であるため、外部の表象の「バイアス」を指摘する言論にあっては、自らのバイアスへの警戒はかえって希薄化してしまう恐れがある。ただし、脱規範化の思考原理を提唱した思想家のうち最良の論者たちは、一貫してこのダイナミックな緊張関係の中で思考し、語っていたであろう。だがこれとは対照的に、日本において現代思想への注目とともに脱規範的思考様式が大々的に普及した際、典型的に抜け落ちていたのは、批判的思考とその実質的な働きとの緊張関係へ向けての、こうした不断の意識であったと考えられる。現に、そこでは往々にして、話者が「近代主観」や「形而上学の伝統」の外からそれらを相対化しうるかのような抽象的図式が信奉され、「全体性」や「体系性」や「同一性」が、あたかもそれなしに思考しうるかのごとくに軒並み信頼性を凋落させてしまう。それどころか、現代哲学の議論において「体系」が「抑圧」を、「同一性」が「暴力」を、「全体」が「虚偽」を、それぞれに意味するといったことが、久しく常態化しているのである。

「構成主義」的立場に代表される、いわゆる現代思想のリベラルな問題構制が、いつのまにか反動に転成してしまうことがあるのは、この自己関係性の繊細なメカニズムを処理するにはあまりにも慎重さに欠けるためであろう。すなわち、実際には自らが依存している原理を観念的な図式の中で全否定しているという事態が反省されないために、批判の実質的な契機がすべり落ちてしまうのである。しかも、その際に抽象的否定の標的となる対象のスケールが大きいものほど、批判は「徹底して」いるかのような錯覚を与える。「真理」「正義」「啓蒙」「民主主義」「人権」などあらゆる概念について、ナイーブにそれらを信じることだけはないようにその前提が疑われるのと並行して、具体的なレベルで私達の生活がそれらに何を負っているかは、ますます意識には上らなくなる。政治概念の脱政治化について見たような、言表内容の急進性とその言表行為としての実行力の欠如とのあいだのギャップが拡大してきたことは、こうした過剰に観念的な批判様式から必然的に派生した深刻な帰結であると言えるであろう。

以上の考察から、日本における脱規範的思考の波及が一つの流行となるほどの勢いで展開されたことは、その思考原理が内包する精妙な構造を臆面もなく無視してきたことと裏腹の関係にあったことが推測される。しかし私達は、このようなイデオロギー的反転の極端な連鎖が、単に個々の論者の粗雑な論理操作にのみ由来するものとは考えるべきでない。戦後日本の精神史的基盤の内部には、脱規範の論理そのものが持っている転成の可能性を極端なまでに引き出し利用するような何らかの集団的条件が、さらに求められるべきなのである。

4　抽象へ駆るもの

規範性に内在する弊害を「根底から問い直す」姿勢が、いつの間にか規範の抽象的な全否定にすり替えられてしまうところに、脱規範的思考形態の回避しがたい誤りがある。日本において、この誤謬を著しく亢進させた原因として、まずは日本がアジア圏に属するという単純な地理的要因が挙げられるかもしれない。「合理性」や「客観性」のような規範のもつ不十分さが、言表行為そのものに内在する垂直の緊張関係から抜き出されて、主体や集団間の並列的なイメージへと固定することが容易であればあっただけ、脱規範の論理は安易な観念化に助けられて、規範一般に対する不信へと変貌しうるであろう。西欧を外部の文化と見なしうるような非ヨーロッパに位置することは、それだけでこの条件を満たしていると考えられるのである。実際、日本においては、「一元的」「抑圧的」「排他的」な原理からなる知の伝統と「多元的」「開放的」で「公正」な思索との対比そのものが硬直した関係として図式化されるのが常であり、場合によってはこの二者がそれぞれ西洋と東洋の思考様式を象徴しているかのごとくに語られたのだった。

このような多分にイデオロギー的な言論様式は、大衆消費社会化した日本において価値観が過度に相対化するにつれて、また、日本の経済大国化と国際的地位の高まりを受けて、西欧近代を総体として脱中心化し、代わって日本古来の価値を顕揚しようとする気分に大いにアピールしたとも考えられる。(9)これらの経済史的な要因もまた、地理的条件とならんで重大であり、脱規範化のロジックが日常の価値判断にまで浸透する背景を解明する上で、一定のヒントを内包している。ただし「大衆消費社会」や「大国化」のような漠然とした時代区分は、思想史的状況を浮き彫りにするための枠組みとしてはやや不十分な面を持っている。むしろ私達としては、戦後後半期に精神史的な方向付けを与えた基本的動因を明瞭にしてくれるような具体的な歴史上の参照点を確定するのがよいと思われる。おそらく、その目的に最もふさわしい日付は、一九六〇年であろう。もっとも、戦後思想史の結節点として、この日米新安全保障条約の成立年を持ち出すのは常套であると言えるかもしれない。平和・民主主義・憲法擁護のモットーを掲げた革新運動が大衆的拡がりを増していった一九六〇年以前の展開と、高度経済成長および利益政治の中で民衆の政治的関心が消散してゆく一九六〇年以後の流れとのあいだには、誰の目にも明らかな対照が存在している。(10)しかしここでは、単なる歴史上のターニング・ポイントとしての一九六〇年ではなく、その後の精神史における一連の影響関係を大構造と見なすことで、脱規範的論理の機能について示唆を与えてくれる徴としての一九六〇年が重要なのである。

すでに触れた丸山真男の論文「日本の思想」は、元来は岩波講座『現代思想』に収められる一論考として執筆された。このシリーズは一九五七年に出版された十二巻からなる叢書であるが、その構想は後の現代思想の移入と比べると隔世の感があるほどに、思想そのものよりは、それを取り巻く歴史的社会的状況へと注意を払っている。帝国主義からの独立運動の高まりを受けて編まれた『民族の思想』、マルクス主義をも社会主義の一端と位置づけ、その意義を考察しようとする『新しい社会』、ファシズムおよびナチズムの分析をもとに反動の論理一般を究明しようとする『反動の思想』、民主主義の諸問題のみならずアメリカにおいて民主主義の哲学たろうとしていたプラグマティズムにも光をあてた『民衆と自由』、戦争の原因や現代的性格を分析し平和維持の方途を模索した『戦争と平和』といった内容に、全巻のほぼ半分にも及ぶ分量が割かれているのである。岩波書店では、その後一九六七年、一九八五年、一九九三年と数回にわたって哲学ないし現代哲学の総合的講座を企画出版してきたが、その中で、思想研究者が現実の社会状況に反応しようとする場面は急激に減少し、これに関わる問題は「社会」に関する一巻にとりまとめられる。代わって「存在」「価値」「言語」のような、今日の私達にとって馴染みのある問題構成が定着してゆくのである。

こうした変化の背後に、知識人の社会的役割の消失を見ることもまた、常套であろう。一九五〇年代に企画されたシリーズは、思想研究者に政治学者や批評家、作家や芸術家までもが共同して、現代世界の突きつける種々の具体的課題に取り組もうとする切実な緊張感において突出している。読者がそこに感じ受ける熱意は、当時、政治的な意識と行動において民衆を先導する役割を担った知識人の責任感から来るものであったろう。そして、この「民衆に対する知識人の責任」といった観念ほど、明確に、また迅速に、一九六〇年以後の人文学的および社会科学的思考から離れ去っていったものは無いのである。事実、一九六七年に出版された岩波講座『哲学』のなかでは、すでに一巻はおろか一論文のタイトルとしても、「民衆」を採り上げたものは見当たらない。

ここで私達が省察しなくてはならないのは、そのように「知識人と民衆」という問題が姿を消してゆくプロセスのもつ意味と機能である。というのも、一九六〇年以後、広く知識人とその読者層たる中流階級との意識が、民主的な社会の構築へ向けての企図において後退し始めたとき、その認識から眼を背けることを正当化する論理的媒介として、欧米から新たに流れ込んでくる様々な思想がきわめて効果的な役割を果たしたと思われるからである。もっとも、安保運動の高まりを知識人と大衆との幸福な融合の時期と見、新安全保障条約の自然承認を戦後民主主義運動の挫折の象徴と見ることは、単純に過ぎよう。また、戦後の政治運動の不成功を安保運動にだけ代表させることも軽率である。なかんずく後の学生運動の過激化による行き詰まりと弾圧もまた、重要な契機であったことを——全学連主流派の直接行動路線や「新左翼」の指導者の多くが、後に新保守主義のイデオローグへと転身することと合わせて——認めておく必要があろう。だが、一九六〇年の出来事に象徴される、マルクス主義的な民衆との連帯の躓きが、否定的なモメントとして執拗な防衛規制をはたらかせたかのように、政治状況との具体的コミットメントが日本人の意識の外へと駆逐されてきたことは、やはり見逃しえないのである。

すでに考察したように、脱規範的な思考原理は、前提に立ち戻って「問い直す」という名目のもと、解釈されるべき文化事象へと一切の意味作用を移し換え、解釈者自身との実践的な連関を抽象化によってしばしば断ち切ってしまう。この知的操作においては、一方で現実への実質的働きかけが免除されるとともに、他方では観念的な次元において既成の権威を徹底的に拒絶してみせる身振りにより、解釈者の認識上の優勢が確保されるのである。こうした思考の機能を六〇年安保以降の思想史的要請の文脈に据えることで見えてくるのは、脱規範的な思考に助けられた現実からの逃避が、大文字書きの政治からの後退過程を理想的な土壌として蔓延してきたのではないか、ということである。しかも一九七〇年代から雪崩を打って入り込んでくる新思潮の、ことさらに華やかでラディカルな身振りは、かえって、それが否定しようとするものについての疑念を抱かせる。既成の専門領域の「垣根を超える」ことが、知識人の批判的実践よりもむしろ「真面目主義」の学問を相対化するための合い言葉として流通するようになったことも、あるいはまた「表象のポリティクス」を扱う論者たちが、ともすると現実の政治変革に関わる「闘争」や「運動」を単純で旧いタイプの関心として遠ざけていることも、このような内面的規制が、今日における政治概念の脱政治化にまで暗黙のうちに受け継がれていることを裏書きしているのではないだろうか。

この意味において、脱規範的な思想の様々な主張の中でもとりわけて重要であったのは、マルクス主義的・目的論的歴史観が否定され、「大きな物語の消滅」が宣言されることであったと言える。この宣言は事実上、知識人が世界の再構成へ向けて一定の原理的立場からトータルな世界像を構成することそのものを不要にする大義名分を与えたからである。現にこれ以後、知識人の責任感は、「知識人と民衆」の二項対立を権威主義的なヒエラルキーに基づいた幻想に過ぎぬと宣告する態度の中にのみ、逆説的に生き延びることになるであろう。では、知識人と共に消失したとされる民衆の側に生じた事態はどうか。戦前政治家の大量復帰や新憲法改正の主張はむしろ一九六〇年以前に存在したものの、六〇年の国民的な大衆行動のゆえに、保守勢力は「低姿勢」に甘んじていた。ところがやがて「大きな物語の消滅」に象徴される新しい思考の浸透とともに、時代の方向性の感覚は失われて、世界認識は断片化してしまう。そしてここにもまた、観念的に否認されたものと現実との逆説的な関係が姿を現す。なぜなら、全体性への意識が薄れた社会にあっては、全体化の傾向への歯止めもまた失われるからである。政治的アパシーに支えられて、国粋的ないし右翼的団体が進出の機会を得、ナショナリズムへの煽動を成功させるなど、一九九〇年代の後半以降、急速に右傾化が進んだことがくり返し指摘されている。このような動向にしても、「平和」「民主主義」「人権」「環境」「平等」といったような自分達の依拠している規範の意義がまるごと相対化されることで、基本理念が骨抜きにされるという長い思想の組み換えのプロセスがなければ、これほど根深い危機には至らなかったのではないか。(11)

しかしながら、ひるがえって考えてみるならば、脱規範的思考原理と政治的逃避意識との緊密な連携もまた、日本に固有の現象ではなかったのかもしれない。カリニコスやイーグルトンが強調するように、脱規範化の思考形態は、政治的ラディカリズムへの幻滅後に現れる思考様式としてある程度一般化が可能であって、現に日本のみならず、西欧、東欧、ソビエト、中国、南北アメリカにおいても、グローバルなレベルで「解放」が名目化した後に、脱規範化の思考傾向は勢いよく波及したからである。(12)いずれにしても、観念と現実とのこうした構造連関を念頭に置きながら思想の受容史を包括的に分析する試みは、今後における重要な学問的課題となるにちがいない。そこでは、一見きわめて抽象的・一般的であるために具体的状況との関わりを持たないかに見える諸テーマが、どのような歴史的現実からの逃走契機を包含しているかが、考証されることになるであろう。(13)たとえば、戦後日本の精神的枠組みを規制してきた機軸として、まずはアメリカ合衆国を数えなくてはならない。これも一九六〇年以降の精神史の展開と深く関係することとして、冷戦構造と安全保障体制の要としてのアメリカは日常意識から姿を消し、消費社会のモデルや現代文化の情報発信地としてのアメリカがこれにとって代わる。こうした状況の背後で久しく私達の意識を暗黙のうちに規制してきた諸事実、すなわち日本が戦前・戦後を通じてアメリカ合衆国の勢力圏にとどまり続けているという事実、しかもアメリカ政府の極東政策に組み込まれることを望まぬ民衆の声を政府の見解へと反映させるだけの成熟した民主主義を私達が未だ獲得していないという事実、さらに、知識人達がその獲得のために十分な社会的影響力を持ちえなかったばかりか、逆にこの責任を回避するための観念構成を過剰に発達させてきたという事実、これらの歴史的事実との（無）意識上の関係のもとに、「記号」「身体」「狂気」「エロティシズム」や「非同一性」のような様々なテーマの流行の意味も再考を迫られることになるだろう。

5　おわりに

戦後の後半期において、私達は、「硬直した」「唯一」「絶対」「不変」の規範に代えて、「自由」で「多元的」「相対的」「歴史的」な思考を選択することで、知を神話から解放したと信じてきた。しかし本論が明らかにしてきたように、規範の呪縛から自らを自由にする過程は、逆説的に、私達の言説制度の総体を「多元的」で「相対的」で「歴史的」という観念的規範の世界に閉じこめてしまった。その間、この精神的メカニズムそのものがさして疑われることなく、反転機能を着々と遂行することができた原理的根拠は、規範とそれに対する反撥が実際には二者択一の関係にはないにもかかわらず、規範の否定が一つの選択肢として現れるようなしくみを思考システムそのものが提供してきたことにある。脱規範的な思考原理の波及においては、自らが既成の制度に対して批判的な相対化を選択しているという自覚こそが、原理の無批判な受容を支えるための最大の構成要素となってきたようにすら見えるのである。ところで、このようなパラドックスをはらんだ運動体は、私達に、市場の論理を思い起こさせる。資本主義市場経済のシステムは、きわめてラディカルであると同時にきわめて保守的でもあって、現存する価値観を根本から相対化する「イノベーション」を通じてシステムそのものを維持するという逆説によって支えられているからである。思考における脱規範傾向もまた、「周縁的なもの」をはじめとする「差異」を無際限に取り込みながら、それらを適度に処理可能とするための強固な規範性を決して失うことはなかった。マルクス主義の思想家達が、世界的な思想の脱規範化傾向を、高度に発達した資本主義の構造的対応物と見なしているのも、ゆえなきことではないのだ(14)。

脱規範的な批判から「批判」の名による現実回避へのダイナミックな転成が、成熟した資本主義経済の論理の反映とは言わぬまでも、この論理とパラレルなものだとしたら、この思考システムに逆らった知のあり方を展開することは、今日の日本に生きる私達には望めないのであろうか。否、私達には常に、観念の抽象的操作によって規範を拒絶するのではなく、観念と現実との往復の場に踏みとどまって規範を彫琢し続けることが可能であり、またそれが実行すべき思考の態度でもある。たとえば「全体性」については、その抽象的な否定自体が最悪の全体化を招いている現実を踏まえて、社会がどの方向に向かっているか、未だ実現されぬあるべき社会がどの方向にあり、いかなる行動がそれを実現しうるか、といったことを一定の方針のもとに描き出すことが求められるであろう。「ヒエラルキー」について言えば、階層構造に不公平があり「周縁」へと迫害されたものが不遇にあえいでいるというのであれば、階層を変更すべきであってまるごと放棄すべきでないことを再確認しなければならない。「正義」や「真理」については、それらを「根本から問い直す」ことによって、常に私達がより完全な真理や正義に到達していることを自覚しなくてはならない。このように規範の可能性を最大限に活用しようとする試みがなにか微温的なものに感じられるとしたら、それは私達の位置している論理の場が、見せかけのラディカルさによって規範の意義を不当に貶めてきたことから来る錯覚に過ぎないのではなかろうか。もちろん、権力主体による規範の濫用は、常に生じうる。イデオロギーとしての「正義」が国内政治においてもグローバルな政治においても横行していることは、日々の報道に明らかである。しかし、この状況に対する有効な手だてが、常に「正義」そのものへの反感としてではなく、「より高い正義」に近づくための地道な努力の積み重ねとしてのみ機能していることもまた、日本の国内外によらず日々確認される現実なのである。脱規範化の原理をドグマ化することは規範一般をドグマ化することと同様に現実からの逃避の一形態である、という事実をたえず思い起こすことが、今日ほど緊要になったことはないと言えるだろう。

（1）広く知られているユルゲン・ハーバーマスによる批判（『近代の哲学言説』）のほか、後に述べるような一連の「ポストモダニズム」批判がこれに該当する。その代表的なものを以下に列挙しておく。Alex Callinicos, *Against Postmodernism: A Marxist Critique*, Polity Press, 1989（邦訳『アゲインスト・ポストモダニズム――マルクス主義からの批判――』こぶし書房、二〇〇一年）; David Harvey, *The Condition of Postmodernity: An Enquiry into the Origins of Cultural Change*, Blackwell, 1990（邦訳『ポストモダニティの条件――社会学の思想――』青木書店、一九九九年）; Terry Eagleton, *The Illusions of Postmodernism*, Blackwell, 1996（邦訳『ポストモダニズムの幻想』大月書店、一九九八年）; Perry Anderson, *The Origins of Postmodernity*, Verso, 1998.

（2）最近の例が、テリー・イーグルトンの著作に向けられた次の論評に見られる。Elaine Showalter, 'A Champion of Cultural Theory?' in: *The Chronicle Review* January 23, 2004.

（3）丸山真男「日本の思想」（岩波講座『現代思想』第十一巻、一九五七年に所収）

（4）Peter Dews, 'Postmodernism: pathologies of modernity from Nietzsche to the post-structuralists' in: *The Cambridge History of Twentieth-Century Political Thought*, ed. by Terence Ball and Richard Bellamy, Cambridge University Press, 2003.

（5） Terry Eagleton, *After Theory*, Basic Books, 2003（邦訳『アフター・セオリー――ポスト・モダニズムを超えて――』筑摩書房、二〇〇五年）.

（6） ちなみに、一九九六年に出版された『文学とは何か』第二版では、ポストモダニズム批判の一文が新たに書き足されている。

（7） 特に『ポストモダニズムの幻想』第六章を参照。

（8） Eagleton, *After Theory*, p. 16

（9） こうした動きについては、「日本人論」あるいは日本のポストモダニズムとしても分析されており、筆者自身、戦後におけるヨーロッパ思想の移入をこの観点から批判的に検証したことがある。（Kinya Nishi, "Wretched Offspring of the Emperor: The Politics of 'Japanese' Narrative in *Senimarn* Readings", in: *Aesthetics*, ed. by Japanese Society for Aesthetics, No.11, March 2004を参照。日本のポストモダニズムへの批判としては、「ポスト・モダンの暗示」（テツオ・ナジタ、前田愛、神島二郎編『戦後日本の精神史――その再検討――』岩波書店、一九八八年に所収）に始まるハルートゥニアンの解釈がある。）だが、私達の考察の文脈で特に注目したいのは、そのような国内におけるイデオロギーが、脱規範的傾向を帯びた論理の波及を要請し、また逆にこの思考様式によって増長されたように思われる点である。すなわち、単に「最先端をゆく」ヨーロッパ学説を消費することが、先進国民としてのアイデンティティを求める日本人の心情に合致したという事情のみならず、その「最先端の知」の内容が、まさしくヨーロッパ自身の知をラディカルに解体する性質のもの――当の欧米においてすら、規範の抽象的な否定によって批判的契機を喪失させてしまいかねない危うさを持った原理――であったという事情もまた、当時の保守的イデオロギー形成の一因として、加味されるべきなのである。

（10） 六〇年安保の思想史的な意味づけについては、特に高畠通敏「『六〇年安保』の精神史」（前掲『戦後日本の精神史――その再検討――』に所収）を参照されたい。

（11） ピーター・デューズは、「ポストモダニズム」の傾向を示す思想家のうちでジャック・デリダが最も劇的に思考態度を一変させ、相対主義的傾向を捨て去ったことに注目している。日本における一九九〇年代以降の政治状況は、知識人に対して倫理的規範の脱構築ならぬ再構築を要請するものとなっているが、思想研究者達の中でもデリダを論じてきた知識人達がこの現実に最もよく対応しえている事実は、この思想家の与えた重要な影響として一考に値する。

（12） 興味深いことに、観念的な図式としてはきわめてラディカルに一切の規範を否定しながらも（あるいはそのゆえに）現実的批判力を持たぬ論理の隆盛は、フランス革命後のドイツにも見られる。ロマン主義的イロニーがこれである。ヘーゲルがイロニーの抽象性を見抜く視点は、イーグルトンの弁証法的批評に通ずるものがある。これについては、拙稿「美的批判は一切を踏み越えうるか――ロマン主義的イロニーをめぐる攻防――」（『京都美学美術史学』第三号、京都美学美術史学会、二〇〇四年）を参照されたい。

（13）こうした探求にあっては、哲学が、政治学と並んで、心理学とも緊密な共同作業を展開し、同時代精神の力学を具体的・歴史的な構造連関の中で解明することが期待される。もともと、「イデオロギー」という哲学・社会科学のタームと「無意識」や「トラウマ」のような心理学の術語はともに、隠れた構造が主体の行動や考え方、感じ方を規制する仕方を探る点で緊密な関係にあるはずのものである。目下、これらの諸分野の連携は、個別の事件や政治問題への哲学・心理学の援用というかたちで展開されているが、更に総合的な視野から戦後の精神傾向を究明し、その中で個々の現象を解釈する理論的枠組みを与えることが求められよう。もっとも、心理学や精神分析の領域においても、哲学と同様に、脱規範化の傾向の一部として涵養されてきた、したがって現実の歴史的状況からは眼を背けさせるような性質のものが少なくないのが現状である。現代の精神状況を包括的に分析することを企図するならば、言論の場そのものが抑圧してきた大構造を正面から採り上げ、それらが集団の意識に対して冥々裏に及ぼす規制を考察の対象とすべきである。そうした模索のために、たとえばジャクリーヌ・ローズによる現代政治問題への介入が参考になる。cf. Jacqueline Rose, *States of Fantasy*, Clarendon Press, 1996; *On Not Being Able to Sleep: Psychoanalysis and the Modern World*, Princeton University Press, 2003.

（14）とりわけ Fredrick Jameson, *Postmodernism, or, the Cultural Logic of Late Capitalism*, Duke University Press, 1991 に代表されるジェイムソンのポストモダニズム批判を参照。

「書くこと」へ

石原みどり

1　はじめに

『プラス50000年』は、ユーモアな絵柄で人類の過去と進化の果てをブラックに描くSFアニメだ。[1]話の中では、恐竜時代、鯨も四つ足で地上を歩いていたが、襲ってくる恐竜から逃れるため海に飛び込み、以来、使わなくなった足は退化して今の姿となったとされる。いっぽう霊長類から進化した人間は、未来において、何でもロボットにやってもらうようになる。やがて頭のてっぺんから生えたアンテナから脳波を送れば操作できるロボットを発明し、右手さえあれば、座りながらにして生活できるようになる。食べ物は、錠剤、液体へと変化し、最後は光線となる。その結果、使わない左手と両足は退化し、身体は椅子と同化してしまう。残った右手は頭のアンテナと同化し、梳かすのが面倒な髪の毛もなくなって、男も女も卵形をしたシュールな姿となる。さらに医療技術・科学技術の力で何万年も生きられるようになる。こうした未来像を予告された主人公の男は、最初、便利になる生活を安穏と想像していたが、やがて半永久的に生きられる未来に絶望し、そこから逃れるためにすぐさま海に飛び込むところで物語は終わる。このSFアニメが制作されたのは一九六一年。当時、日本は高度経済成長のただなかにあり、テレビ、自動車、洗濯機、冷蔵庫など機械技術によって生活がますます近代化し便利になると夢見られた時代である。その時代にあって、『プラス50000年』は日本国内ではほとんど見向きもされなかったが、ほぼ半世紀経た今見るとどうだろうか。進化した人間を脳に集約した形姿に描くのはよくあるパターンでまったくSF的だが、その身体のありかたは、わたしたちの身体のありかたとそれほど遠くはない。すでにわたしたちは、遠隔操作《リモートコントロール》し、栄養補助剤《サプリメント》を服用し、動く椅子《じどうしゃ》で移動している。アニメで描かれている身体の退化は、自分自身で動かないために起こる感知能力や運動能力の退化と捉えることができよう。なによりも気になるのは、主人公の男が、五万年後も生き続けられる未来を知ったとき、その場で自殺するラストシーンである。作品では、技術が人間の意志を超えて自律的に進歩しつづけるものとして描かれている。ハリウッド映画なら技術対人間の戦いへと物語を展開させるのだろう。しかしこの作品では、技術がもたらす帰結から脱するには、人間としての生命を放棄するしかないとされている。技術に対して無力的な行動しかとることができない予想図に、暗澹たる気分を感じずにはいられない。

こうした不安は、わたしたちが住み込んでいる電子社会において小さくない。たとえば二十世紀後半に発達した通信技術は、人々を、リアル・タイムに結びつけ、いわゆるグローバリゼーションを促進してきた(2)。人間同士のコミュニケーション手段は、直接会って話すことから電話でのやりとりへ、あるいは手紙から電子メールでのやりとりへと電子化が進んだ。相互に共通の通信手段をもっていて言葉が通じ合うなら、いつでも、どこでも意思疎通をおこなうことができる。電話や電子メールを用いれば、身繕いして出かける手間も、紙と筆を用意し、書いて投函する手間もいらない。動かす必要があるのはキーやボタンを押す指先だけである。文章を考え、打つことさえ面倒ならば、以前に作った文章や誰かの文章をコピー&ペーストして手を加えればよい。ここに典型的に見られるように、電子社会ではボタンを押すだけで多くの事が済まされ、効率の点で無駄な身体的労力も、移動や作業のための時間・空間も、限りなく削減されている。そして、わたしたちは、手間がかからないことの快適さを日常生活の多くの場面で実感しており、また、その快適さを追求することを当然のことと思っている。たとえ、この便利さ・快適さに付随する喪失があることに、多少は気づいているとしてもそうであろう。しかし、その喪失とは単に身体の感知能力や運動能力の退化、あるいは未発達にとどまらない。

電子技術によって喪失したもの、喪失しつつあるものについて、思考し、警告を発し続けてきたのが、P・ヴィリリオである。(3) ヴィリリオは次のようにいう。移動や作業のための時間・空間の削減は「リアル・タイムの圧政」(一〇一頁)であり、「実物の大きさについての汚染」(五三頁)であると(傍点引用者は石原)。しかもそれは「知覚できず目に見えない」(六八頁)。リアル・タイムの圧政は、わたしたち自身がリアル・タイムで動くことを強いる。すなわち、「反射的行動が要求し」、わたしたちから、思考・反省・判断する時間を奪うのである。当たり前のように存在していた時間・空間が汚染されることによって、「世界にたいする身体の関係」が失われ、「なんら拡がりの意識をもはやもつことのない……私は、破壊されるままとなり……」、「決定的に私の世界を縮減」(五三頁)するとして、この技術の否定的な側面を強調する。

もとより、世界は「……世界についての私の意識を通してそのようにある……。(いっぽう)移動する私、生気づけられている私のいだく、世界についてのこのような意識は、私の運動であり、私の運動の本性」(四四頁)とされる。つまり、「私」と「世界」は、固定したもの同士として出会われるのではなく、世界は、私の身体運動にもとづいて発動する私の意識によって成り立ち、かつ私の身体運動は時間・空間という「間」、広がりのある世界で可能になるという相即的な関係にある。引用したヴィリリオの言葉は、十八世紀半ばのカントを思い出させる。カントは、「対象が意識を構成するのではなく、意識が対象を構成する」と理論化し、さらに意識を構成する感性(身体)と悟性(精神)に能動的なはたらきを指摘した。しかし、現代はその感性と悟性が機能不全に陥るような非物質的な環境になりつつあるといえよう。そのようにして身体のはたらきが奪われるとは、そのぶんだけ世界が奪われることである。それは同時に、「私が破壊され」、「自己にとっての現存在を失う」(四三頁)ことでもある。そこに「他者は幽霊化し、物質的現前が凋落するという脅威がある」。自己と他者と世界は同時に幽霊化するのである。

それに対してヴィリリオは「電波通信のために世界にたいする身体の関係を失うことを黙認することはできません」と述べる。これはわたしたち自身の言葉でもある。わたしたちには、実物の大きさが汚染され、住むことが困難な環境を、次の世代に残すことは許されていない。人間が、実物の他者と直接出会い、物質的な時間・空間に身を置き、その限定的なものによって、しかるべき身体活動を行う人間でありつづけるために、なんらかの手を打たねばならない。すべきことはいくらでもあるだろう。

失われつつあるさまざまな時間・空間、身体行為は、『プラス5000年』で描かれていたとおり、移動、食事、通信、コミュニケーション等々、日常のあらゆるところに見出すことができるが、ここで取り上げるのは、ことばに関してである。唐突ながら、筆者は、大学において書道科目という授業を通じ、日本語学習の一端を担っている。この授業は、小学校の教育職員免許・中学校の国語科教育職員免許取得に必須の科目として設けられたものであるが、受講者の多くが、将来日本語を使って仕事をしよう、あるいは日本語を教えようと思っている日本人学生および留学生である。文部科学省制定の小中学校の学習指導要領（平成十年）は、書写に関して、目的や必要に応じて調和よく、読みやすく、速く書くことを目標として示している。ところが、今日、文章をワープロソフトで作成し、コミュニケーションをパソコンやケータイの電子メールで行うことが主流になりつつある。そうなると、手で書く必要性が少なくなり、この授業の存在意義も小さくなるといえる。だが以下でみるとおり、とりわけ日本語にとって〈文字〉は本質的な構成要素となっており、ある空間と時間において営まれる「手で書く」という行為が、固有の身体性を育んできた。それが現在進行形の日本語についても言えるのであれば、わたしたちは「書くこと」とそれに固有の身体性を手放すわけにはいかない。こうした筆者の問題意識にもとづいて、本稿では、多数ある言語のうちでもとくに日本語に焦点を当て、日本語を「手で書くこと」にどのような固有の身体性があるのか、その身体性にどのような意味があるのかを考えたい。そして失われつつあるこの身体性が必要ならば、いかに確保できるのか、その方策を検討したい。

2　日本語にとっての〈文字〉

人間の心と身体を社会的に形成しているもの、その基本的なものとしては食や衣服がある。どのような衣服を身にまとい、どのように着こなすかによって、着ている者の嗜好や価値観、身分、帰属（あるいは浮遊）している社会や共同体が示され、また、衣服によってその人間の言動は左右される。衣服はいわば人間の第二の皮膚といえる。言語もそれと同じように、あるいはそれ以上に、ヒトを「私という人間」へと形作っている。どのような言語を習得し、使いこなすかによって、その人のアイデンティティのあり方、思考方法、行動パターンが異なってくる。人間が言語を用いて、思考し、自己を表現し、コミュニケーションを行うことによって社会的に生きる動物でありつづけることは、古今東西不変だろう。

わたしたちが現在使用している日本語は、あらゆる言語と同様、時代と場所によって変化する。上代の文書はもちろん、ほんの一〇〇年あまり前の江戸時代に書かれた文書ですら、専門家でもないかぎり、現代のわたしたちにはすらすらと読み解くことがかなわない。そもそも日本列島で一様に通じる標準的な日本語など明治以前にはなかった。近年の言語研究が指摘するように、「日本語」や「日本人」といった概念は、近代的国民国家を成立させるために産出されたものであり、不変の実体として存在するわけではない――そして、日本語の普及にはアイヌ語や琉球語、方言と名指されたお国言葉を差別し、矯正あるいは排除してきた歴史があり、普及とは裏を返せば押しつけであったこと、また帝国主義時代には、朝鮮や台湾、満洲を日本に同化させる装置として日本語が強制されたことに留意し、つねに反省の目が向けられねばならない[4]——。しかしながら、紀元前後に、日本が漢代の中国の文字「漢字」を受容しはじめ、やがてそこから「万葉がな」を創出し、さらに平安時代に「かな」「カタカナ」を確立してから一〇〇〇年来、この地の言語はずっと三種の文字をそなえた言語として変化しつづけてきたことは事実である。さしあたって、そうした言語を日本語と見なそう。[5]

ところで「文字をそなえた言語」という表現は正確ではない。文字を持たなかったやまとことば（和語）に文字が与えられたのではなく、つまり、音声を視覚的に表す記号として文字が事後的にそなわったのではなく、漢字という表意文字を獲得してはじめて日本語は固有の言語として成長しはじめ、現在へといたっている。漢字とは、すでに一字で意味をもった単語、ことばとなっており、漢字は「漢語」と言い換えられてもよい。一般に、漢字を表意文字、アルファベットを表音文字として、両者を対照させるが、これは漢字について正当な理解を導かない。表意文字と表音文字は本質的に異なるものであり、漢字一字に等しいのはアルファベット一単語というべきである。たとえば、一文字「葉」と書くことは leaf と綴ることに等しく、「葉」という文字を覚えるということは、leaf という綴りの語を覚えるに等しい。どのような言語においても単語の数だけの綴りと意味を学習するのに労を要することを思えば、漢字学習に困難がともなうのも当然である。

したがって漢字＝漢語を受容するとは、その文字が表す内容、つまり思想や概念ともども受容することといえる。この受容によって、無文字時代のやまとことばの世界に大量の漢字＝漢語が出現し、日本語の語彙を増加させ、文化水準を一挙に引き上げた。そして、漢字があてがわれたやまとことば（和語）や和製の漢語など、表意文字で表記される「詞」が核となり、それに「接頭辞」や「接尾辞」が付されるという、形態論的な分類法でいえば「膠着語」の文体が明確化していったのである。そのさい漢字とかなとの優劣は明らかであった。表音文字であるかな（仮名）が、読んで字のごとく「仮の文字」の意であり、それに対して漢字が真名（真正の文字）と呼ばれていたことが示すとおり、日本において文字とは漢字のことであった。漢字を知っていることが文字を知っていること、そして教養のあることと等しかった。

造語力のある漢字が、日本の近代化に運用されたことは周知のとおりである。西洋の近代的知識を輸入するにあたって、新しい漢語を創出したり漢籍から転用したりして翻訳することで、極めて迅速に摂取することが可能となった。ここで注目したいのは、翻訳において誕生した和製漢語は、音よりも文字が重視されており、原語の意味を表す漢字が選ばれた結果、同音異義語が多くなったことである。そのために、日本語は、どう書くのかを照会しなければ意味が確定しない、漢字への依存度が高い言語となったのである。漢字という表意文字が日本語の語彙の過半数を形成していること、そして、とりわけ明治以降は漢字に依存する度合いが高まり、数千万に及ぶ漢語なしには、政治も経済も文化も進まなくなったこと、これらが、良くも悪くも、文字が内実を形成するという日本語の特徴となっている。

さらにいえば、三種の――時にはローマ字も加え四種の――文字が自由に使い分けられていることも、別の面から、文字への依存度を強めている。たとえば「ゆめ」は、「夢」とも「ユメ」とも書くことができるが、いずれが正しいとは決定できない。この三種類は音にすれば同じ「yu-me」でも、伝えるニュアンスは明らかに異なる。つまり文字としての「ゆめ」「夢」「ユメ」は異なる言葉といえよう。したがって字体の選択は、単にこだわりや好みの問題ではなく、内容を左右する事柄となる。このように、形式と内容との相即性が強いことは、日本語においてとりわけ当てはまり、音声を中心に考え、文字を二次的なものとする言語学の観点から見る限り、日本語のすがたは見えてこない。たしかに、音と表記とが一対一に対応していないという曖昧さは、日本語を知らない者から見れば理解困難なマイナス要素と判断されるかもしれない。しかし、逆にいえば、その曖昧さが日本語の語彙をふくらませ、内容をより的確に表現することにとってプラス要素とも考えられよう。ただし、それが昂じるとむやみに漢字をありがたがり、必要以上に漢字を多用する、という漢字崇拝が起こる。高島が述べるように、もともと耳で聞いて理解できるように発達したやまとことば（和語）にまでむやみに漢字を当てるゆえんは、本来は、ないのである。

しかし、日本語にとって文字がいかに本質的な構成要素であるか、その重要性についての意識は、現在にいたるまでさほど根付いていないように思われる。たとえば、わたしたちは、なぜ常用漢字は一九四五字なのか、誰がどのような経緯で選定したのか、なぜある字体がその形をしているのか、こうした疑問について考える機会ももたず、ただ慣習的に「そうであるから」と与えられるままに文字を覚え、運用している。現在わたしたちが使用している漢字の字数や字体を決定している枠組が、実は、漢字を煩雑で非効率的、前近代的なものと見なす幕末以来の思考の延長上にあることを、どれほど理解しているだろうか。

幕末期から明治期に起こってくるのが、漢字廃止論、漢字制限論、あるいは日本語廃止論である。当時、西洋の学問や思想、技術、生活スタイルを学び、日本の近代化を迅速に進めるためには、その手段である言語も効率化して近代的にしなければいけないと考えられていた。西洋の「進んだ」言語と同様にローマ字あるいはかなという表音文字で表記する、さらには日本語を捨てて西洋の言語を採用する、という案が提出された。漢字廃止は、明治三十年に国の方針にされ、三十五年には旧文部省に国語調査会(昭和九年に臨時国語調査室、昭和二十四年に現在の国語審議会へ移行)が設置される。この政府機関が、第二次世界大戦後に当用漢字一八五〇字を制定し、また、一部の漢字を旧字体から新字体へ簡略化した(たとえば「舊」が「旧」に、「體」「軆」が「体」など)。一八五〇字にどの漢字を選ぶかについては徹底的に議論されることはなく、新聞社の意向や選考委員の好みで左右される場面すらあった。というのもこの漢字制限は、いずれ全廃へといたるための第一段階として暫定的なものにすぎず、ともかく素早く作業を進めることが先決のため、文字の選択はさほど重要ではなかったからである。ところが、国会の審議を通過して公布されたあとは反対派の巻き返しもあり、全廃論は立ち消えてしまった。その後、当用漢字は常用漢字と名を変え、いくつかの文字が付け加えられつつも、まったく中途半端な文字政策のまま現在にいたっている。いっぽう略字化もまったく統一を欠き、これも中途半端なもの、それどころか、誤解や混乱を招く可能性も生んだ。よく挙げられる例が「藝」という文字。正字体の「藝」には「植える」という意味がある。現在は「芸」と書くが、「芸」はもともと別の文字として存在していた。こちらは「ウン」と読み、「くさぎる、草を刈る」という意味をもつ。そのほか、香草の名前でもあり、書物の防虫に用いられることから「書物」の意味もある。「芸閣」とは図書館のことである（白川静『常用字解』より）。つまり「藝」とは意味が反対の「芸」が代用されてしまい、そのためにかつての「芸」という〈文字＝ことば〉の記憶は失われてしまったのである。今後、その記憶を取り戻す可能性は少ないだろう。(6) たしかに文字の点画も、意味も、用いられるにしたがって変化し、原型、原義からかけ離れることもあれば、自然と使われなくなることもある。しかし効率的な文字の学習、書記、印刷をめざした漢字制限や漢字廃止、略字化といった目先の文字改革が、往々にして無知や誤解にもとづき、〈文字＝ことば〉に対する暴力となっていることは明らかだ。現在のわたしたちは、この暴力を止めるどころか、反対に、意図せずこの暴力に加担しているのである。

ここで文字改革の是非を論じたり、正書法について詳述したりすることが目的ではないので、次の点だけ確認しておきたい。これまで見てきたように、現在の日本語には、漢字・かな・カタカナの三種の〈文字＝ことば〉があり、それらが混交して用いられることによって、日本語の語彙、文体、響きやリズムを構成している。つまり、形式〈文字＝ことば〉と内容とは、どちらが先でどちらが後というように分離しておらず、その相即性こそ日本語の特質のひとつといえる。借り物であった漢字を血肉として成長したのが日本語であり、とりわけ明治以降、漢字からなる多数の概念に頼らなくては、日本語社会が立ちゆかなくなっている。そうである以上、好むと好まざるとにかかわらず、目下のところ文字重視の日本語でやっていくしかない。そして、インターネットが普及した情報社会にあるわたしたちは、これまで以上に、文字との関わりが多くなるだろう。ではその関わり方も、これまで以上に深くなるのだろうか。

3　〈文字＝ことば〉を知る

何かを知る、何かと関わるということには、様々なレベルがあるだろう。道具、たとえばハサミであれば、「ハサミ」という名前を知っている／何をする道具かを知っている／実際には使えなくても使い方の知識はある／実際に使える／ハサミの種類が分かり、用途によって使い分けられる、といった具合である。ハサミを知るとは、そのハサミの機能、性能がよりよく生かされるかたちで使用することと考えられる。では日本語を構成している〈文字＝ことば〉についてはどうだろう。この文字を知り、使うことにおいて、文字の機能、性質がよりよく生かされるあり方とはどのようなものか。ここでは、文字の性質と、人との関わり方を「書く」という行為の面から考えてみる。

古代中国において甲骨に鑿で刻むところから生まれた文字は、その後に発明された筆で書かれるようになり、ときに変形を加えられながら、数千年にわたって脈々と受け継がれてきた。現在の文字の姿は、筆記具を駆使する人間の手の動きの痕跡が蓄積した結果である。したがって文字は手書き仕様になっている。このことは、漢字から生み出されたかなにも当てはまる。紙に書いてみればすぐに確認できるように、基本的に、かなは縦に続けて書きやすい構造をしている。さきほどの「ゆめ」を見てみよう。ゆめは「ゆ」と「め」ではなく「ゆめ」という一体のことばとして理解される。この一体性を視覚的に表現するには、手で縦に「ゆめ」と書くのが最適である。「由」から「ゆ」へ、「女」から「め」へと崩されていく過程で、どちらの文字も、入筆部分は上の文字からの流れを受け止めやすく、また終筆部分は次の文字へとつなぎやすい構造になっている。それは、いわば文字における「リエゾン」が起きるからである。これを横書きすると、「ゆ」と「め」は決して一続きにはならない。横に書く文化であれば、また違った構造へと変形したにちがいない。

さらに注目したいことは、書字にともなうさまざまな身体感覚である。ひとつに、直線的動きと曲線的動きとが交互におとずれ、リズム感が生じることを指摘できる。またひとつに、どのような筆記具を用いるのであれ、書きつけるものの表面と筆先とが接触し摩擦が起き、そこに、なめらかな感触、あるいはつっかかるような感触が手に伝わることが分かる。書き手は、ごくわずかであってもその感覚を瞬時に受け止めながら点画を書き進める。書くべきことばを探しあぐねているとき、書くことをためらうとき、筆は重く、途中で止まるかもしれない――その反対もいえるだろう。書き手が生み出す力は筆に直接伝えられ、字の大小や線の強弱、肥痩を決定していく。書かれた文字には書き手の心身の状態や感情のありさまが、いくばくか反映しているだろう。文字が書かれるさまを微細に見てみると、いくつかの要素が複雑にからみあって〈文字＝ことば〉へとなることが理解できる。

このように書字とは、もともと身体のダイナミズムをはらんだ多層的な行為である。もちろん、書字における身体性を漢字文化圏の言語に特化すべきではない。というのは、原理的にはどの言語の文字についても指摘できる事柄であるからだ。しかし、そのダイナミズムを全面的に展開させ芸術の域にまで高めたのは、書くことを重視する漢字文化圏においてであった。そこでは、紙、墨、筆といった多彩な表現を可能にする道具を発達させ、文字の書きぶりに注意を払って鑑賞・評価し、さらには文字を通して書き手の人物像や志向、性格までも見ようとする文化を育んできた。「書は人なり」ということばが人口に膾炙してきた文化と、もっぱら音を写すための記号として文字を見る文化とでは、文字、書字に対する意識に違いが生じるのは必然であろう。

ここから見えてくることとして、日本語の〈文字＝ことば〉の姿には、それが使われてきた意味の記憶が蓄積されているのと同時に、その文字の点画を書き綴り、現在の姿へ至らしめた人間の手の動き、書きつける感触といった、身体性の記憶がそなわっている。〈文字＝ことば〉は書かれるごとに書き手の心情やおもいを受肉してきた。そうであれば、〈文字＝ことば〉の機能や性質を知り、よりよく使用するとは、語義を把握するだけでなく、それがはらむ身体性も知ること、つまり、自らの身体を使って書字し、そこで生じる身体のダイナミズムを経験することといえよう。このことをもっとラディカルに主張し、「日本語は縦に書かなくてはいけない」とするのが石川九楊である。石川は、「日本語の文字と文は『天』と『地』を持つ現実の世界を写しとる一つの表現として、天（上）から地（下）に向かって垂直に……すなわち縦に書くものとして生まれ、育ってきたもので……重力に従ったり、耐えたり、抗ったり、あるいは重力を押し戻しながら書いていく……絶えずその作業を続けていくところから……自分自身からの自動漏出的な表出を止め、耐え、踏みとどまる力、すなわち『自省』や『自制』が生まれてきます。……つまり、書くということは考えること、思索すること」という(7)。

さらに手で書くことについての石川の次の指摘は示唆に富む。

「『書く』ということばは、『かく』という深みをもっています。『かく』というのは、むろん筆記具で書くことだけではありません。釘でひっ『掻《か》く』こと（たとえばエッチング、線刻画）、刃物で木や石を『欠《か》く』こと（たとえば彫刻）、さらには絵のように『描《か》く』『画《か》く』こと、いずれも対象（石や木や紙や布、さらには金属）を傷つけることによって、対象の姿を変え、何かの表現を生むすべての出来事を、『書く』という行為は含んでいます。……土地を耕すことが（カルチベイト）カルチュア＝文化の語源であることが、『かく』や『書く』という言葉の深さを暗示しています」(8)。石川は、「書く」が、「画く」「描く」「掻く」と同源であることを手がかりに、ここに「欠く」を加え、やまとことば（和語）の「かく」に人間の根源的な営みを見ている。「かく」とは、対象を傷つけ、切り分け、名づけながら、対象に働きかけ、世界を客体化して認識することであり、いっぽう、「かく」という行為によって自らも意識をもった主体となる。「書く」とは、そのうちのひとつの方法なのである。

ところが、すでに述べたように、電子化の進んだ現代社会では、「書く」行為もまた、ワープロなど電子機械に取って替わられつつある。これまでも毛筆から硬筆へと筆記具が替わったが、二十世紀末における電子的道具への全面的変化は、書くことそのものをほとんど停止させ、〈文字＝ことば〉を変質させた。手書きと機械打ちを比べれば、両者は単に味わい、趣が異なるだけではなく、表現される世界が異なっている、つまり〈文字＝ことば〉として異なっていると指摘できる。たとえば「ゆめ」「ユメ」「夢」と手で書くのであれば、はやく／ゆっくり、強く／弱く力を入れ、なめらかに／つっかかるように紙の上で筆を運ぶ、まさにそのただなかで、「ゆめ」「ユメ」「夢」について思いめぐらせることができる。それは「画く」「描く」「掻く」こととも見なせる。いっぽうモニター画面に「ゆめ」と表示するなら、「ゆめ」あるいは「YUME」と叩いてエンターキーを押すだけである。漢字に変換するのもキーひとつである。キーは一定の強さで押すことが求められ、単純で効率的な作業である。「夢」の字画を手が正確に覚えていなくても、変換ソフトが自動的にはじき出してくれる。そのようなキーを叩く指先には、「書くこと」に固有の身体的ダイナミズム――抵抗感や摩擦感、リズム、速度、重力は生まれようがない。その代わりにあるとすれば、機械打ち固有の軽いタッチ、軽い抵抗感、リズム、速度であろうか。もちろん画面に浮かび上がっては消えていく電子文字に、書き手をおもわせる物質性、肉体性がそなわることはない。電子文字の「ゆめ」「ユメ」「夢」は、誰が打ってもほぼ同じ字形であり、匿名的である。それゆえ、微妙なニュアンスや表情が乏しくなるぶん、言葉数を増やしたり、絵文字や記号、顔文字を付けたりするなどして補われるのである。いっぽうで、書き手の存在を刻印しない匿名的な〈文字＝ことば〉の姿に対して、書き手が無責任となることも容易に想像できるだろう。このように、手書きを放棄し、機械打ちするとは、書くべきものとして育まれた〈文字＝ことば〉と本来的に関わる過程を省略することであり、書くことによって生じるもろもろの事柄、書くことによって実現される世界の構築の仕方、経験の仕方を失うことである。

では、少しでも書くことの身体性を取り戻し、「かく」という人間にとって根源的な営みを失わずにいるためには、なにができるのであろうか。

4　ことばを遊ぶ

書くことにおける身体性の喪失、書くことに要する手間、時間・空間の喪失の背後には、利便性や効率性、即時性を欲求する人間の心性があり、さらに、この心性を必要以上に増殖させるような多機能の道具やサービスが次々に売りつけられるという市場経済の構造がある。したがって、まずそのようなわたしたちの心のあり方を理解し、また市場経済のあり方を問わねばならないだろう。そのいっぽうで、道具やサービスが引き起こす負の側面を見極め、現代の電子社会においてさまざまな技術や道具、サービスをどのように利用するべきか、模索が求められる。書くことについても、機械化がもたらした負の側面を認識しつつ、機械とのつきあい方を考えねばならない。このような方向から、つまり、機械化で喪失してしまったものは何かと後から反省することによって、改めて書くことの意義を見いだし、その重要性を訴えていくことができるだろう。ただ、ここでは、書道という授業で書くことを実践させる立場から、別のアプローチをしてみたい。

これまで問題にしてきた「書くこと」とは、日本語を使用することにおいて、その〈文字＝ことば〉を書くことの意味であった。それは、生身の自分あるいは他者に向けて言葉をつむぎ、意味を生み出すために書くことにほかならない。しかし、電子文字での文章作成やコミュニケーションが、表現に工夫されながらそれなりに成立している。もとより、どうしても手書きで表現されねばならないのであれば、おのずと手書きされるはずである。それゆえ、日常においてすでに占めている機械書きの領分を手書きが奪還するとは予測しがたい。多少の不便をがまんして機械打ちを減らし、できるかぎり手で書くべきだといった主張は、まちがいではなかろうが、それだけで書くことを維持していくのは難しい。探るべきは、書くことでしか現象してこない領分、すすんで書こうと思う領分である。そうなると、まさに書くこと・鑑賞することそのものを追求する書道こそふさわしいと思われよう。だが、そのような作品づくりをめざす（近代的な）造形芸術としての書道は、ますます日常から切り離されたところにある。では、日本語を使用する者にとって、より日常にちかいところで「書くこと」が取り戻される可能性はないのだろうか。ここでもう一度、書くことの原初に立ち返ってみよう。

書く・画く・描く・掻くのいずれでもある「かく」とは、対象を傷つけ、切り分け、名づけながら、対象に働きかけ、世界を構築し、認識することであった。それは、いまだ知らなかった世界が明瞭なものとして「見えてくる」「把握できる」ということである。言語によって世界を認識することが、人間にとってどのように本性的欲求を満たすかについて、たとえばE・カッシーラーが論じている。[9] カッシーラーは、子どもが熱心に言葉を習得する実例をもとに次のように述べる。

「物」の名を知ることによって、子どもは、その以前の知識——既成の経験的対象に関する——に、人為的な記号のリストを加えるだけではない。子どもはむしろ、これらの物の概念を形成し、客体世界との了解をつけることを学ぶのである。……あいまいで、不確かで変動する彼の知覚と、その朦朧とした感情は、新しい形を取り始める。それらの知覚と感情は、固定した中心、思想の焦点としての「名称」をめぐって結晶化するといえる。「名称」の助力がなくては、客体化の過程で新たに行われた進歩も、つぎの瞬間には再び失われる危険にいつも当面するであろう。……言語は、全体的に考察すると、新世界への門出となる。あらゆる進歩は、ここで新たな見通しをひらき、我々の具体的経験を広くまた豊かにする。話そうとする熱心さは、ただ名称を覚えたり用いたりする願望によるものではない。それらは客体世界の探究と克服に対する願望を示すのである。我々は、外国語を学ぶときにも、子どもの経験と同様な経験をすることができる。

カッシーラーにしたがって言えば、新たな〈文字＝ことば〉を学習し、読み書きできるようになる過程は、世界との関係のとり方を変更し、それまでとは違う眼差しで世界を認識していく過程である。そこに新たな認識のよろこびがあるからこそ、子どもは、誰かに押しつけられるのではなく自分から物の名前を知ろうとするのである。こうした認識のよろこびが、〈文字＝ことば〉を書く本来の原動力だと考えられる。いうまでもなく、書くとは、〈文字＝ことば〉を習得して書けるようになることだけではなく、身につけた〈文字＝ことば〉でさまざまな文章を書き綴ることである。ここで探りたいのは、どのようにすれば〈文字＝ことば〉が語りだし、新たな世界を開示してくるように仕向けるかである。その好適な方法のひとつとして筆者が提起したいのが、「ことばを遊ぶこと」である。

ことば遊びには明確な定義と解釈がなく、広義にとれば、なぞなぞや笑い話など、ことばを使って遊ぶものはすべて包含されうる。だが、さしあたっては狭義にとらえておきたい。日本語におけることば遊びの歴史は、日本語が文字をもった言語として産声を上げた時期にまでさかのぼることができる。『万葉集』には「戯書《ぎしょ》」と呼ばれることば遊びが見られる。「戯書」とは、通常の万葉がなの用い方、すなわち、字音あるいは字義による表記をせず、文字の形態や意味から連想・類推させたり、謎を解かせたりすることによって訓《よ》みを示す。どこまでを戯書と見なすかは読み手の考え方によるので明確な定義はないが、好例として、「……毎見　恋者雖益　色二山上復有山者　一可知美（みるごとに　こいはまされど　いろにいでば　ひとしりぬべみ）」が知られている。下線部「山上復有山」は、山の上にもうひとつ山があると解き、「出（いで）」と読ませるのである。これは五世紀中国の文人王融の詩「藁砧《こうらん》」から引用したものではあるが、よちよち歩きの日本語に、すでにことばで遊ぶ精神が根付いていたことを示している。もちろん、ことば遊びは世界じゅうにあり、文字の有無にかかわらずどのような言語にも見られる現象である。古いところでは、紀元前二四〇〇年ごろのシュメール人のものがある。つまり、ことば遊びは突発的に起こる現象でなく、人間の活動としてきわめて普遍的と見ることができる。

ここで、ことば遊びの特質をさぐるべく、武内紹人によることば遊びの定義を参照しよう。「ことばによる第一義的な情報伝達に加え、ことばの組織のもつ表現力の余剰性（＝あそび）を利用して複数の表現効果のおもしろさを意図した言語活動」[10]（傍線引用者）。武内の説明を補記しておくと、(1)複数の表現効果とは、必ずしも多義的であることではなく、もとの意味のほかに、文字のデザインがそなえている別の効果も指す。(2)「おもしろさ」とは、笑いを誘発する類のものに限定されず、車のハンドルのあそびのような「余剰性」をさす。(3)表現効果をだすのに言葉のしくみを利用していること。たとえば言語を媒介にした笑い話は含めない、の三点がポイントである。さらに、(2)の余剰性について、情報伝達が「すでに決まっている一定の意味内容を運ぶ手段としての『実用的』側面」であるのに対して、「ことば遊びは、そのような既成の枠を超え、新しいものを生みだす『創造的』側面」とされ、「ことば遊びは詩のことばと相通ずる」と述べられている――最後の点は、掛詞や縁語、折句などの和歌の修辞法を見れば、そもそも詩歌が遊戯的精神に基づいていることがわかる。

以上の、ことば遊びの定義と説明のなかに、筆者がことば遊びを取り上げる理由が述べられている。すなわち、ことば遊びが、意味――無意味なものや論理的に矛盾しているものも、無意味や矛盾として意味がある――を伝達するものであると同時に、新しいものを生みだす創造的活動であるという、両側面をもっていることである。そして重要なことは、ことば遊びには多数の種類があり、また、遊びの規則も比較的単純なものが多いため、誰にでも入り込むことができる敷居の低い世界であるということだ。「創造的」とは紋切り型の言い方ではあるが、実際にことばで遊んでみると、思わぬ風景が見えてくることが少なくない。

鈴木棠三は、日本語のことば遊びを、音声だけで成り立つものと、文字や図を書くことをまって理解が完全になるものとの二つに大別する。後者は、耳で聞いてもある程度は理解できるが、字面を見てはじめてその巧みさを鑑賞できるという。その範疇に入るものとして、物名歌と回文をあげている。[11] 物名歌とは物の名前を句に折り込むもので、そのひとつが折句である。よく知られたものとしては、在原業平が三河の八つ橋で、「かきつばた」を句の頭において詠めといわれて作ったという、

　から衣着つつなれにし妻しあればはるばるきぬる旅をしぞ思ふ

の一首がある。また、回文とは、さかさに読んでも同じになる文章をいう。たとえば先の「かきつばた」を使うなら、「燕子花《かきつばた》の束付《たばつ》きか」という文句ができあがる。また回文に類するものとしてアナグラム[12]も挙げられよう。アナグラムは、ある語句を表記する文字の順序を並べかえて、別の語句をつくるものをいう。ふたたび「かきつばた」をもとにすれば、「型奇抜《かたきばつ》」「馬鹿尽《ばかつ》きた」「カバ立つ木」などが出てくる。ここでは清音と濁音、促音の「っ」と「つ」を区別したが、規則を緩やかにすれば、もっと多くつくることが可能となる。また、より視覚性の強いことば遊びとしては、前述の「山＋山」で「出」とするような字謎、あるいは、文字を造形的に改変して別様に読ませるような文字アートなども挙げられる。

　回文やアナグラムをはじめ、こうした文字中心のことば遊びを行う場合、紙の上で行うことが有効である。というのは紙面の任意の場所に文字を書きつけることができ、また、文字を反転させたり入れかえたり、添削したりする自由度が高く、さらには同じ手で絵や図を描くこともでき、〈文字＝ことば〉を練り上げやすいからである。また、機械打ちであれば、まさに打つことしかできず、絵や図を作成と思えば別の操作が必要になり、しかもぎこちないものしか描けないだろう。こうした手書きすることの自由さは、一見すると、言挙げするほどのことでもないように思われるかもしれない。だが見過ごせないのは、経済的になんら利するところのない、場合によってきわめて低俗な〈文字＝ことば〉であっても、脳と眼と手が一体となりつつ書く（描く）という過程において、はじめて思考でき、予想もしなかった世界を産出することができるという点である。そして、新しい世界が、見つめる自分の指先の動きとともに、自分の文字として目の前に出現してくるのは、ひとつの驚異であり、よろこびであるという点だ。[13]たとえ些細で、ひとときの行為であっても、ここから、「詩のことばと相通ずる」

ようなことばも生まれてくるのである。

〈文字＝ことば〉と本来的に関わる通路を開けておくための方策、つまり、新しい〈文字＝ことば〉の世界を生み出す方策のひとつを、ことば遊びに見いだした。ことば遊びには、もうひとつ期待するところがある。遊びの要素である余剰性とは、裏を返せば近代の効率主義の精神が「無駄」とみなして削ぎ落としてきたものである。無駄をもう一度反転させ、そのなかに遊ぶこと、これは、無駄を省こうとする近代の効率主義に対する——ささやかであれ——抵抗ともなるであろう。はたして、ことば遊びにどれほど効力があるのかははかりがたい。だが、即効性をもとめる態度こそ近代の効率主義に毒されているといえよう。わたしたち人間が、ホイジンガのいう「遊ぶ人種」として存在するかぎり、わたしたちはことばで遊びつづけるはずである。そこに期待したい。

おわりに、もういちどヴィリリオの言葉を聞いてみよう。

提起される問題は、接触をふたたび見付けることです。……世界がひとつの有限な空間になって、失うことが耐えがたく、そして得るものがもはやないような日が来るでしょう。……二十一世紀は、喪失が獲得にまさるような世紀です。そこで、固有の世界の喪失、固有の身体の喪失は補償されなければならないでしょう。なぜなら、それはみんなにとって耐えがたいものになっているからです（五三—五四頁）。

技術がもたらした、時間ゼロ・空間ゼロの環境に、本当に耐えられなくなる前に、なにができるだろうか。ここでは、ひとつの試みとして、書くことの身体性を取り戻そうとしてきた。日本語を書くことにおける身体性は、人間の活動の全体からみれば一部分でしかない。しかし、有機体としての身体がそうであるように、全体は単なる部分の寄せ集めではなく、部分同士が相互に作用しながら全体を形づくっている。書くことの身体性、書くことに固有の時間・空間をわずかでも取り戻し、確保することは、電子化によって喪失してきたほかの身体性、ほかの奥行きのある時間・空間の世界を補償することにもつながるにちがいない。

(1) 横山隆一制作、監督鈴木伸一、《おとぎプロダクション》一九六一年、カラー一〇分。劇場公開を前提としない実験短編アニメ。高齢化時代を先取りしたような皮肉なエスプリはフランスで開かれた国際短編映画祭やアートシアターなどで好評であった。本作品はDVD化され『日本アートアニメーション映画選集⑥戦後・現代傑作選』に収められている。

(2) 財団法人インターネット協会の調べでは、二〇〇五年末で、日本におけるインターネット世帯浸透率（利用場所、接続機器を問わずインターネット利用者がいる世帯の比率）は八二・八％となり、昨年の七八・一％から四・七ポイント増加している。

(3) Paul Virilio (1932-)　本文中（～頁）で示しているヴィリリオからの引用は、すべて邦訳『電脳世界［明日への対話］』本間邦男訳、一九九八年、産業図書より。（原著：*Cybermonde, la politique du pire; entretien avec Philippe Petit*, Textuel, Paris, 1996）

(4) 最近の代表的な日本語文献として、イ・ヨンスク『「国語」という思想』（岩波書店、一九九六年）、ましこ・ひでのり『イデオロギーとしての「日本」』（三元社、一九九七年）、長江珠絵『近代日本と国語ナショナリズム』（吉川弘文館、一九九八年）、安田敏朗『〈国語〉と〈方言〉のあいだ』（人文書院、一九九九年）などが参照できよう。

(5) 日本語の文字の歴史については主として次の資料を参照した。高島俊男『漢字と日本人』（文春新書、二〇〇一年）、石川九楊『書に通ず』（新潮選書、一九九九年）。

(6) たとえば筆者の手元にある『新漢和辞典』大修館、第三刷、一九八二年には、もともとの「芸」は掲載されていない。

(7) 石川九楊『縦に書け！　横書きが日本人を壊している』（祥伝社、二〇〇五年）一二六―一二七頁。

(8) 石川九楊『書に通ず』二五―二六頁。

(9) Ernst Cassirer (1874-1945)　カッシーラーは、人間が世界を認識する媒体を「シンボル形式 Symbolische Form」と呼び、言語のほか、神話、宗教、芸術、科学を挙げている。人間はさまざまなシンボル形式を操作することによって世界を解釈しており、これが人間を文化的存在たらしめていると論じる。引用は、Cassirer, *An Essay on Man, An introduc-*

tion to a Philosophy of Human Culture, 1944, Yale University Press, pp. 132-133.（邦訳『人間——シンボルを操るもの』宮城音弥訳、一九九七年、岩波書店、二七八—九頁）。

（10）武内紹人「チベット語のことば遊び」江口一久編『ことば遊びの民族誌』（大修館書店、一九九〇年）所収。一四〇—一四一頁。

（11）鈴木棠三「文芸史とことばの遊び」池田弥三郎編『ことば遊びと文芸』（大修館書店、一九七六年）所収、二六四頁。

（12）アナグラム anagrams は西洋で広く親しまれている文字遊びであるが、表音文字をもった日本語に適用できる。半沢幹一「『アナグラム俳句』は『愚な愛句はらむ』」『言語』二〇〇〇年二月号、大修館書店所収、六八頁参照。

（13）実際、筆者が書道の授業でも試みたところ、ほとんどの学生が回文やアナグラムに接したことも作ったこともなかったにもかかわらず、日本人学生と留学生ともに、興味をもってことば遊びに取り組むことが可能であった。学生からは「もっといいものを作りたい」「難しいけれどもおもしろい」といった反応があった。

「主人」と「奴隷」の解放——グローバリゼーションの弁証法

増田一夫

1 グローバリゼーションの心

「心」という語は豊かな多義性をもっており、数多くの固有語法に深く関わっている。その含意を余すことなく日本語以外の言語で再現することには大きな困難がともなう。それはまた、政治的に用いられやすい語でもある。支配的な勢力が、力のみではなく倫理や正義も自分の側にあるのだとして、「心」を道具化するしぐさも珍しいものではない。その意味で、今回の企画が要請しているように、グローバリゼーションを「心」という語彙で語ることは少なからぬ注意を要する作業であろう。

にもかかわらず、あえてルールを受け入れた場合、一連の問いが可能となるだろう。ひたすら競争を奨励するように見えるグローバリゼーションにおいて、「心はどうなってしまうのか」という様態の問題。そしてたとえば、先住民族などが先祖代々守ってきた知恵や技法などを知的所有権の名のもとに多国籍企業の支配下に置こうとするグローバリゼーションに「心はあるのか」という存在の問題。これらの問いを思い浮かべたとき、心寒い思いを抱く向きも多いはずである。心騒ぎを覚えたり、グローバリゼーションをめぐるしかじかの出来事が心障りだということもあるかもしれない。競争、勝ち組、負け組、生存などのキーワードをまき散らしつつ既存の風景を変えてゆく巨大な動き。避けることのできぬ宿命だとそれを忍受する一方で、人々はグローバリゼーションを心なきものとして恐れている。強者の心のままに進行し、弱者への心遣いに欠ける、良心なきものとして。

「良心」なる語は、ミシェル・フーコーによる、ある発言に私を導く。それは、グローバリゼーションが人々の重大な関心事になるはるか以前の一九七九年に発せられたものであった。

われわれは経済のグローバリゼーション〔mondialisation〕を目の当たりにしているだろうか。それは間違いない。では、政治利害をめぐる計算のグローバリゼーションは? おそらくそうだろう。しかし、政治的良心＝意識〔conscience politique〕の普遍化ということになると、これは明らかに違うのだ。(1)

政治意識もしくは政治的良心の普遍化。それが意味するのは、政治をおこなう者が十全の意識をもって、良心に恥じることのない政治を万人に対して展開することだとしておこう。カントの定言命法をもじりながら、次のように言い換えてもよいだろう。「汝の政策の格率が、つねに同時に普遍的政治の原理として妥当するように行為せよ。」そして、民主主義なる政体において、「政治をおこなう者」が、単に選出された代表としての為政者ではなく、能動的に政治に参加すべき一人一人の市民を意味するならば、フーコーは、狭義の為政者のみならず、われわれ市民もまた、充分な政治的良心をもっていないと指摘していることになる。

その指摘がおこなわれてから約四半世紀たった今日、政治的良心をめぐる状況にほとんど変化は見られない。グローバリゼーションと呼ばれるプロセスが始まったとされる二十世紀末以来、世界のかなりの部分が豊かになる――もしくは財の消費を増大させる――一方で、アフリカを中心とした一部の地域は、以前よりも深刻な貧困に陥っている。その事態は、二〇〇〇年九月に開催された国連ミレニアムサミットにおいて、一四七の国家元首を含む一八九の加盟国が採択した「国連ミレニアム宣言」にも述べられている。「宣言」は、平和と安全、開発と貧困、環境、人権とグッド・ガバナンス、アフリカの特別なニーズなどを課題として掲げ、一九九〇年代に採択された数々の国際開発目標を統合して「ミレニアム開発目標」も定められた。[2] だが、「宣言」も「目標」も、内容はおろか存在でさえ広く知られているとは言いがたい。「宣言」を採択した各国政府も、「目標」の達成を優先的な政治課題として取り上げているようには見えない。また、「宣言」に謳われている国際的連帯が形成されるどころか、逆に経済競争、さらにはエネルギー、水、食料をめぐる争奪戦が激化する兆しが見られる。グローバリゼーションは非情で心なきものなのか。「勝ち組」の甘い夢を共有したいという誘惑にかられながらも、多くの人々が、そのような恐れを抱きつつ、世界がむかう地平をうかがっている。

2 卑猥なまでの不平等

「国連ミレニアム宣言」において、「平和と安全」のあとに「開発と貧困」について語られている。順序からして、前者は後者に対して一定の優先権をもっているように見えるかもしれない。そして実際、人々は長年、治安言説が支配する世界に暮らしてきた。だが二〇〇五年は、「グローバルな対テロ戦争」の煽動的なスローガンが効力を失いはじめ、貧困の解消が人々の関心に戻ってきた年であったかもしれない。

「貧困をほっとけない」といったスローガンを主要メディアが取り上げた。また、運動のあり方をめぐって種々の批判が寄せられたものの、ホワイトバンドを目印とする「貧困を過去にする」キャンペーンが従来のNGOや活動家を超えて広がっていった。それらの動きがどのくらい貧困の解消に貢献したのか、また今後も続くのかどうかは定かではない。しかし、テロリズムの脅威ばかりが強調され、豊かな国々における治安と安全への関心が、世界の他の部分が陥った貧困を隠す遮蔽幕となるような状況には、不十分ながら風穴があいたとは言えるだろう。

ネルソン・マンデラがロンドンで発言したのは、その年の二月のことであった。かつて「マンデラに自由を！」の叫びがとどろいたトラファルガー・スクエアーに立ったマンデラ。彼の発言は、その全体を引用したいところである。だが紙幅の関係上、とりわけ次のくだりに注目したい。

広範囲の貧困と卑猥なまでの不平等〔obscene inequality〕は、われわれの時代――科学、技術、産業、そして富の集積において息をのむような進歩を誇る時代――の恐るべき厄災であり、奴隷制とアパルトヘイトと同列に、社会悪として位置づけられなければなりません。〔……〕

意志と情熱でもって、みなさんはかの〔アパルトヘイトという〕悪しきシステムを永遠に過去のものにしました。しかし、この新しい世紀において、世界で最も貧しい国々の何百万という人々が、まだ捕囚となり、奴隷となり、鎖につながれています。

彼らは、貧困の牢獄に捕らわれているのです。いまや、彼らを自由にすべきときです。

奴隷制およびアパルトヘイトと同様に、貧困は自然のものではありません。それは人間が作り出したものであり、人間の行動によって乗り越えられ、根絶することができるものです。〔……〕

貧困があるかぎり、真の自由はありません。〔……〕

もちろん、その〔貧困からの解放という〕仕事は簡単なものではありません。しかし、それをおこなわないことは、人類に対する犯罪なのです。その犯罪に対して、いま、全人類が立ち上がるよう私は求めているのです。(3)

一九一八年に生まれ、一九四〇年代に反アパルトヘイト闘争に身を投じて以来、計二七年にもわたって獄中にありながらも活動を続けたマンデラ。闘争の神話的存在となった彼は、人種隔離体制に終止符を打つ立て役者となり、アパルトヘイト廃止後は新生南アフリカの初代大統領を務めた。彼が獄中で執筆を始め、同志たちの協力をえて完成した自伝『自由への長い道』(4)は、「私の長い歩みはまだ終わっていない」という文言で締めくくられている。その文言にたがわず、いったん公的生活を退いたはずのマンデラは、「貧困に対する戦い」の途上に姿を現わし、右の発言をおこなったわけである。

豊かな含蓄をもつ彼の発言を、まじめに受け取らなければならない。マンデラは、先に触れた「ミレニアム宣言」にも言及している。「宣言」は、極端な貧困を半減することを約束しているが、「その約束は悲劇的に遅れている」ことを彼は指摘し、裕福な国々の指導者たちは、世界で最も貧しい市民たちに対して自分たちが約束したことを守らなければならない、と述べる。そして、トラファルガー・スクエアー演説の翌日予定されていたG7の蔵相会議、および二〇〇五年夏、スコットランドで開催されるG8首脳会議に期待をにじませるのである。

貧困に対する闘いは容易ではない。その点は、彼も認めている。しかし、その闘いに身を投じないことは、「人類に対する犯罪」であると断言する。貧困と不平等は、奴隷制ならびにアパルトヘイト――さらに、彼は述べていないが、ショアー、ホロコーストと呼ばれるユダヤ人虐殺――と同列の悪として位置づけられるべきだというのである。だが、「である」と「べきである」の差は大きい。実態は人類に対する犯罪であるが、そのような犯罪としては認知されていないという現実がある。その格差こそ、貧困に対する闘いを困難にしている要因にほかならない。

またマンデラは、貧困が存在すること自体が犯罪だと主張しているわけではない。貧困が万人の境遇であったならば、人類に対する犯罪だと糾弾することはできない。ところが、グローバリゼーションが進行する今日、一方では数々の分野で「息をのむような」革新がおこなわれ、「息をのむような」富の集積がある。しかし他方で、不平等が放置されたゆえに、生命を脅かすほどの広範な貧困がある。だからこそ、貧困の存在は重大な犯罪なのだという論点も忘れてはならないだろう。

その点との関連で用いられている言葉が、obscene inequality である。「卑猥なまでの不平等。」obscene という形容詞は、周知のように、性を露出したり、性的に露骨な表現でもって感性を傷つけるものについて用いられる。地球上における貧困の光景は、見てはならぬものを見せられたときのように感性を傷つける。目を覆いたくなるようなその光景はあってはならぬものであり、その存在を放置する者、全力で解消しようとしない者は単に破廉恥漢であるのみならず、犯罪者なのである。

3　ニジェールの畔で

この世界はどのていど不平等なのだろうか。どのていど不平等を無視し、もしくは許容しているのだろうか。この問いに完全な答えを与えることは、私の手に余る作業である。だが、マンデラのスピーチに先立つこと約一カ月、私はわずかながら、アフリカの光景をかいま見る機会を与えられた。(5)

二〇〇五年一月、西アフリカ、マリ共和国。ニジェール川と支流のバニ川が合流するモプティには市が立っていた。色とりどりの布地、アワを始めとする穀物、コラの実、シアバターなど、人々の生活を彷彿させる物品が陳列されている。しかし他方で、数多くの物乞いの姿があり、私の立つ地が世界で最も貧しい国の一つであることを否応なしに思い出させてもいた。彼らは、異常なほどの確率でハンディキャップをもっている。あるいは目を病み、あるいは差し出した手に指が欠けている。あるいは足が不自由でさまざまな形の補助器具に頼っている。ポリオはまだあるのかとたずねた私の問いかけに対して、現地人ガイドからは、いったんは根絶したはずであった。しかし、イスラーム法を布くナイジェリアで復活したという答えが戻ってきた。

国連開発計画によると、サハラ以南アフリカの人間開発指数は、一九九〇年よりも劣化している。(6) マリもその例外ではなく、二〇〇五年の報告書における総合順位は、一七七カ国中一七四位、平均寿命四七・九歳、成人識字率一九％。人口の約七二％が一日一ドル以下の生活を余儀なくされている。六二％の人々が、清潔な飲料水をえられず、子どもの二二％が五歳の誕生日を迎えることなく世を去ってゆくという。別の統計では、電力を使用できるのは人口のわずか八％という数字も見られた。一応の平和が保たれており、内戦や武力衝突が報告されていないマリでも生活は貧しい。いや、統計からうかがわれる生活は、単なる貧しさを越えて、北側の基準では悲惨とさえ評すべきものである。

モプティからニジェール川を一千キロあまり下るとニジェールの首都ニアメー。そこから東進すると、順にマラディ、ザンデルの各地方となる。これらの地方が深刻な飢餓に苦しんでいるという情報を主要メディアが伝えはじめたのは、二〇〇五年七月であった。世界食糧計画によると、ニジェール人口の三分の一に当たる三八〇万人が食糧不足に陥っており、五歳以下の子供一五万人が重度の栄養失調によって死亡する恐れがあるという。(7)

この事態は不意に訪れたものではなかった。二〇〇四年夏以前から、サハラ周辺の地域ではバッタが大量発生しており、一平方キロあたり八〇〇〇万匹とも言われる大群が移動しながら植物を食べ尽くした。その事態を受けて、国連は当初一六〇〇万ドルの援助を国際社会に訴えた。金額は上方修正され、二〇〇五年八月にはおよそ八〇〇〇万ドルが必要であるとされた。しかし反応は鈍く、七月上旬までに集まった金額は五〇〇万ドル、大規模な報道がはじまってしばらくした八月はじめでも、二五〇〇万ドルにすぎなかった。また、ニジェールの飢餓をめぐる情報が世界を駆けめぐったため、援助がそこだけに集中し、深刻度は劣るとはいえ、同じく人命が危険にさらされているマリ、モーリタニア、ブルキナファソなどが忘れられているという指摘もおこなわれた。

だが、飢餓の原因を雨量不足やバッタ襲来に求め、飢餓を宿命や天災に還元することは正しい認識とは言えない。最も基本的な穀物であるアワの生産量は、一九七一年は約九六万トンであった。一九八三年の第一次構造調整計画で、農民に対する設備関連補助金が打ち切られたにもかかわらず、二〇〇三年の生産量は二七四万トンまで増加している。バッタと干ばつの影響を受けた二〇〇四年の収穫は、それでもニジェール史上四番目の水準を記録している。

原因として重要なのは、むしろ人口増加と貧困である。最高の収穫高を記録した二〇〇三年でさえ、NGO国境なき医師団は、穀倉地帯とされるマラディ地方だけで、栄養失調の子どもを一万人受け入れている。二〇〇五年度の人間開発報告書で、ついに一七七カ国中の最下位に落ちてしまったニジェールにおいては、豊作に恵まれた年でさえ、人々が何日もの食事を抜きながら、文字どおり食うや食わずの生活をしているという現実がある。だがその日常は、主要メディアのテレビカメラに映し出されることはなく、先進国の住民によって知られることはない。

自給ができなくても、食糧を買うことができれば飢餓に陥ることはない。購入を不可能にするのが貧困である。充分に予測可能であったため、飢餓に対しては一定の対策が準備されていた。ただ、その対策があくまでも「値引きした穀物の提供」であったところに大きな問題があった。重債務貧困国（HIPC）ニジェールに対して援助供与国が奨励した政策は、食糧の安定供給の名のもとに食糧援助を控えるというものであった。進行中の経済発展計画の支障となるのを恐れるあまり、食糧の無償支給をぎりぎりまでおこなわなかったのである。だが、困窮した人々には、食糧を購入する資金が残っているはずもなかった。市場の保護が優先されたために、多くの人々が窮地に、ひいては死に、追いやられたのである。

スペクタクルとは縁のない無数の死がある。武器も砲火も関係がなく、ほとんど声も物音もたてずに、世界の無関心のなかで死んでゆく人々がいる。いわゆる寿命が尽きるはるか以前に、特定の地域に住む人々が選ばれたかのように死んでゆく。それをわれわれは多かれ少なかれ知っている。その知とは何か。そして、「科学、技術、産業、そして富の集積における息をのむような進歩」とはなにか。それこそ、マンデラが用いた obscene という語に込められた非難であろう。

4　悲劇的な遅れ？

二〇〇五年のG8議長国イギリスは、アフリカ問題を主要議題の一つと位置づけ、債務帳消しなどの提案に動いた。だが、その債務帳消しにも批判的な評価が付きまとう。六月七日、トニー・ブレアとの会談を終えたジョージ・W・ブッシュは、最貧国の債務を一〇〇％帳消しにする提案を検討していると発表した。「歴史的快挙」と形容されたその提案では、一八の最貧国が世界銀行、アフリカ開発銀行、国際通貨基金に対して負っている債務四〇〇億ドルが抹消されることになっていた。

しかし、帳消しの対象となった一八カ国の人口は、発展途上一六五カ国の人口の五％を占めているにすぎない。金額自体も、恩恵を受ける一八カ国が、今後一〇年間にわたって債務返還に要するはずであった資金を毎年一〇億ドル節約できるにすぎず、いわば焼け石に水である。免除された債務額が帳簿上は援助額に上乗せされ、代わりに実際の援助が減らされる可能性も懸念される。

途上国の状況を目に見えるかたちで改善するには、はるかに大きな金額が必要である。国連開発計画の推計では、満足な飲料水、食事、初等教育、基本的医療を提供するために、年八〇〇億ドルを一〇年間にわたって費やさなければならない。あまりにも巨大な額だろうか。しかし、G8の軍事費（年間七〇〇〇億ドル）や農業補助金（同三五〇〇億ドル）に較べた場合、その額ははるかに小さい。しかも、確実に多大な効果が期待できる。それに較べると、提案された債務帳消し案は、お世辞にも歴史的とは形容できないと評価されたのである。

私が訪ねたマリ共和国では、一九九一年三月、三〇〇人あまりの死者を出した抗議行動の末に、軍事政権を追放することに成功した。アミナタ・トラオレによると、そのとき市民を突き動かしたのは「民主主義」というスローガンであった(8)。人々は、民主主義に清潔な水、医療制度の充実、教育制度の充実、働く機会の拡大などの夢を託していた。しかし期待に反して、民主主義政権への移行は、マリ市民を収奪し貧困化するメカニズムに政治的なお墨付きを与え、新自由主義経済への組み込みを強化しただけであった。先進諸国は、法と金という武器を独占し、自分に都合のよい経済秩序をフォーマットする。それは、国家の肩越しに政策を決定し、HIPC市民の生活を脅かしたのである。

その経済秩序は、豊かな社会の誘惑をちらつかせる。その実、食糧生産から輸出用産物への転換を強制し、原料を買いたたき、大陸の工業化を許さないという暴力を行使する。また、市民を苦しめる構造調整を押しつけ、知的所有権を楯に、ジェネリック薬品の生産を禁止する。それは、「すべてを呑み込み、不公平で、人類の四分の三の運命には関心のない世界経済システム」、「対外負債に関する責任がないどころか、その存在も知らぬサヘルの飢えた子供たちや彼らの父母にさえ、負債を支払わせようとするシステム」であった。新たな大規模油田が発見されるや否や軍事衝突がしかけられ、アフリカ人の五人に一人は紛争地帯に暮らすという点も付け加えなければならない。その秩序のグローバル化を、トラオレは「惑星規模で制度変革を強要するクーデター」であると決めつけている。

既存の文化に対する敬意も倫理的感覚も持たぬその秩序は、自足社会、すなわち生活必需品だけはどうにか自分で生産する社会を仮借なく破壊してゆく。貧困に対する戦いの名のもとに発動される、あらかじめ失敗に委ねられた開発計画は、貧者に対する戦いの様相を帯びることになる。貧しい地域社会が悲惨に対して営々と築いてきた最後の防壁は容赦なく打ち壊され、外部に隷属し、富める者のお情けにすがるしかない広大な地域が広がってゆく。

冒頭ですでに触れたが、二〇〇五年度の人間開発報告書は、トラオレの見解を傍証している。それによると、二〇〇三年には、一八カ国において、統計が取られはじめた一九九〇年よりも指数が低くなってしまった。「かつてない反転」だという。極貧状態で暮らす人々の数を半減させる、幼児死亡率を三分の一にする、すべての子供たちに初等教育の機会を与える、などを掲げたミレニアム開発目標の約束は、空手形で終わる懸念がますます濃厚になっている。

昨年、国連に対する強硬派として知られるジョン・ボルトンがアメリカの国連大使に任命された。彼は、開発目標の遅れがまだ足りぬかのように、就任早々、国連改革案に対して七五〇余の修正要求を突きつけた。開発目標への一切の参照を削除せよというものも含まれている。最貧国における惨状がいっこうに解消しないのは、単に開発目標達成をめぐる「悲劇的な遅れ」、すなわち人為を尽くしたうえでの、不可抗力による遅れだけではない。今しがた述べた工作について言うならば、民主主義を輸出する超大国は、開発目標に賭けられている人命については知ろうともしない、ということになる。

5　悪の凡庸さ

マンデラに戻ろう。すでに見たように、彼は貧困と不平等を奴隷制やアパルトヘイトと同列の「人類に対する犯罪」だとしている。貧困と不平等によって生存権を脅かされる人々が少なくとも百万人単位で存在することを考えるとき、その主張に反駁を加えることはむずかしい。

だが、マンデラの言葉とはうらはらに、貧困と不平等の存在は自然のものであるかのように見なされている。それらの放置を人類に対する犯罪だとする見解は支配的ではない。そうした現状をふまえたうえで、マンデラも、事実確認的な「人類に対する犯罪である」という表現と、奴隷制やアパルトヘイトと同列に「人類に対する犯罪として位置づけられなければならない」というふうにあくまでも当為として述べる表現とを、ともに用いている。奴隷制に苦しんだ大陸に生まれ育ち、アパルトヘイトとの闘いに人生を捧げた彼の目には、その犯罪は見えているに違いない。世界分業のなかで、最も下位の役割を与えられた大陸の人々は、先進国の住人に与えられたような移動の自由も持たず、職業の選択肢も持たないに等しい。一握りの特権階級を除いて、先進国の中流階級にとって当然のものとなっているような消費生活を楽しむなど、夢のような話である。

富める者たちの方は、そのような人々に対してどのような見方をしているのだろうか。彼らは貧しい、食糧も足りない、医療も不充分である。彼らは死ぬかもしれない。だが、それも仕方がない。貧困、飢餓、疫病、戦争、死、それらの場は北側にはないし、あってはならない。それらがお似合いの場は南側、とりわけアフリカである。これは、グローバル民主主義を僭称する人々が暗黙のうちに認めている公理ではないだろうか。これこそフーコーが「普遍的良心＝意識の不在」と呼んだものにほかならない。

富める者の意識のうちには、「貧困は害悪ではあるが、犯罪ではない。なぜなら、私は彼らが飢えたり、病んだり、死んだりすることを意図してはいないし、望んでさえいないからだ」という論理がある。だが、「あなたがたは彼らを助けられるにもかかわらず、助けていないではないか」と反問されたとき、その嫌疑を完全に退けることができるかどうかは疑わしい。その場合、「未必の故意」が成り立つかもしれない。それは、「行為者が、罪となる事実の発生を積極的に意図・希望したわけではないが、自己の行為から、ある事実が発生するかもしれないと思いながら、発生しても仕方がないと認めて行為する心理状態」のことである。

「人類に対する犯罪」をおこなう意志なしに「人類に対する犯罪」を犯すことができるのかという問いは、かつてアイヒマン裁判の際に提起された問いを思い起こさせる。この裁判について膨大な資料が残されているなかで、ここでは単にハンナ・アーレントによる報告書の「エピローグ」と「あとがき」における、いくつかの指摘にのみ言及したい[9]。

よく知られていることであろうが、アドルフ・アイヒマンは、ショアーともホロコーストとも呼ばれる、ナチスによるユダヤ人虐殺の責任者である。ただ彼は、絶滅収容所を直接運営していたわけではなく、ユダヤ人を絶滅収容所に送る列車輸送の最高責任者であった。アーレントがアイヒマンについて認めるのは、彼が「法を守る市民」という立場に置かれ、「自分が悪いことをしていることを知る不可能性」のなかに置かれ、「自分のしていることの意味がわかっていなかった」という点である。彼女は、アイヒマンが倒錯したサディストなどではなく、恐ろしいほどノーマルな人間であったという点も強調している。法廷で、カントの定言命法が言えるかと問われたとき、かなりの精度でもってそれを説明して見せたことについて、驚きをもって報告している。ただアーレントによれば、定言命法を知っていたからといってアイヒマンが道徳的に行動できたわけではない。というのも、ナチズム支配下において、定言命法自体が、「汝の行動の原則が立法者の、もしくは国法の原則と同一であるかのごとく行動せよ」というふうに倒錯されてしまったからである。

ナチスによっておこなわれたのは、「行政的殺戮」であった。それは、「犯罪的な法律のもとに、犯罪的な国家によっておこなわれたのであり、それ以外におこなわれえなかった」。先ほども述べたように、定言命法も倒錯させてしまうその手法は、「法律は良心の声がもともとすべての人に命じていることの表現であるとする前提」を無効にしてしまうために、法律観を根底からくつがえすものである。そのなかで、たしかに通常の指標や基準は失われてしまう。だが、だからといって、市民は犯罪を犯してよいわけではない。そのような法律の遵守によって犯罪を犯した場合、当の実行者にその意識がなくてもその者は有罪である、という判決がアイヒマン裁判で下ったのである。

アイヒマンの犯罪と、貧困と不平等の放置がまったく同じ問題だと主張するつもりはない。しかし、「市場原理的殺戮」がかりに認められたとするならば、「汝の行動の原則が、市場の原則と同一であるかのように行動せよ」という定言命法が響きわたる世界で犯された致死の行為もまた、犯罪と見なされうるのではないだろうか。

マンデラの発言は、その問いに対して肯定的に答えるようわれわれを促している。その犯罪は、うすうす気づかれながらも、実行犯にはっきりとは見えていない。実行犯は、ごく凡庸かつ正常な日常生活を送っているだけである。だが、アーレントを敷衍するならば、その「正常性は、すべての残虐行為を一緒にしたよりもわれわれをはるかに慄然とさせる」のであり、「事実上、戦争とは無関係な、そして平和時にも続けられる組織的殺害計画を予告する」のである。

6　主人の解放

貧困や不平等を放置する人々は、すべて「人類に対する犯罪」に問われるべきなのだろうか。マンデラはまさしくそう主張している。だが、マンデラの発言に読まれるのは、告発や糾弾ばかりではない。

「卑猥なまでの不平等」と訳した obscene inequality は、もう一つの意味に解することができる。obscene は、「不吉な、縁起の悪い、悪い予兆をもった」でもある。そのように理解したとき、もはや obscene inequality は、ただ単に糾弾する語であることをやめる。不平等は今後の世界にとって――グローバルに――不吉なものだとのメッセージが姿を現すのである。

貧困が存在することは、もちろん世界にとって幸福なことではない。だがそれにも増して、進歩や豊かさの傍らに貧困があることは赦しがたい。同時に、その不平等こそが不幸の兆しである。そのメッセージは、何を言わんとしているのだろうか。「貧困の牢獄」に捕らわれてあえぐ人々は、もちろん幸福ではない。しかし、obscene なまでの不平等は、彼らを貧困状態に放置し、ひいてはその貧困を作り出している富める者たちにとっても不吉であり、けっして幸福をもたらすものではない。息をのむような進歩が、息をのむような貧困や悲惨と隣り合わせになり、進歩がもたらす豪奢と安寧が生命をも脅かす惨状を放置するとき、ましてや豪奢と安寧が惨状のうえに築かれているとき、けっしてグローバルな幸福などないのである。

富める者たちに対する告発や糾弾に加えて、そこには警告、あるいは連帯の表明、ひいては救済の申し出さえ読み取ることができるように思われる。いずれにせよこの主張は、『自由への長い道』の末尾に読まれる一節を思い出させずにはいない。マンデラは、自分のための自由を求める気持ちが、同胞の自由に対する渇望に変わっていった様子について語っている。そして、運命の狡知によってもてあそばれたあげく、自分の人生が変えられていったことを喚起する。当時の社会全体を相手に闘う過程で、小心な青年はずぶとい冒険者に変身し、法を守る弁護士は犯罪に走り、家族を愛する夫は家なき男に転落し、人生を愛する人間は修道僧のような暮らしを強いられることになった、というふうに。その人生を振り返りながら、彼は言う。

> この長い孤独な年月のあいだに、同胞の自由を求める私の気持ちは、黒人も白人も含めたすべての人々の自由を求める気持ちに変わっていった。抑圧された人々が解放されるのと同じように、抑圧する側も解放されなくてはいけない。他人の自由を奪う者は、憎しみの囚人であり、偏見と小心さの檻に閉じ込められている。私がもし誰かの自由を奪ったとしたら、自分の自由が奪われたときと同じように、私は真に自由ではないのだ。抑圧される側も、抑圧する側も、人間性を奪われている点では変わりがない。
>
> 刑務所から出てきたとき、私の使命は、抑圧された人々と抑圧している人々の両方を抑圧から解き放つことだった。[10]

抑圧され、隷属させられた自分を自由にしたいという気持ちを抱き、その目的を目指すのは——行動に移る気力や能力が誰にもあるかどうかは別にして——当然である。解放への道を、同じ境遇を強いられた仲間や「同胞」とともに歩きたいと思う気持ちも充分に理解できるだろう。だがマンデラは、隷属を強い、主人としてふるまってきた抑圧者もまた、解放されなければならないと述べている。すでに自由を享受し、力をわがものにし、それを用いて他者を抑圧している主人も解放されなければならない。さもなければ、主人は真に自由にはなれない、と言う。それは、どういうことなのだろうか。

この思想は、一種のキリスト教的理想主義に帰すべきものだと考えられるかもしれない。「だれかがあなたの右の頰を打つなら、左の頰も差し出しなさい」、「自分を迫害する者のために祈りなさい」、「兄弟が私に対して罪を犯したとき、七回どころか七の七十倍までも赦しなさい」。あるいは、イエスが十字架につけられたときに発した、「父よ、彼らをお赦しください。自分が何をしているのか知らないのです」という思想。赦しと報復の否定を語る思想は、キリスト教に事欠かない。マンデラ自身も、幼いころメソディスト派の洗礼を受け、英国式の教育を授けられた。そのときにキリスト教的な思想に染まったのであり、抑圧者もまた解放されなければならないという考えは、それによって植えつけられたものだとの推測も可能だろう。さらに、南アフリカ共和国の風土に由来するとの見方も可能かもしれない。国民には少なからぬ非キリスト教徒を含むにもかかわらず、憲法前文が「われらが民に神のご加護あれ」という祈願によって締めくくられている風土のことである。その一方で、キリスト教的伝統に直接結びつけるのではなく、卓越した戦略家でもあったマンデラが、闘争の普遍性をあらためて強調しようとして述べた発言、和解路線を打ち出した大統領として、政権運営を円滑に進めるための計算にもとづいておこなった発言だと理解することもできるだろう。

いずれが最も妥当な解釈なのか、ここで判断を下すのは差し控えておく。ただ、マンデラの発言における「自由」の扱いについては、一言いわねばならない。自由は排他性と相容れない。私のみが真に自由であることはありえず、私が真に自由であるためには、他者も自由でなければならない。これは、自由主義もしくは新自由主義としてもっか流布している姿勢とは異なるものである。というのも、しばしば市場万能主義、より批判的には市場原理主義と形容されるそれらの姿勢は、競争、生存、勝者と敗者という二元論的世界観を呈示し、共存や連帯という価値をほとんど顧みないからである。

マンデラの主張に似た主張は、フランツ・ファノンにおいても見いだすことができる。『黒い皮膚・白い仮面』で「黒人とヘーゲル」という節を設けたファノンは、「結論」において次のように語っている。「黒人の不幸とは奴隷にされたことである。また、白人の不幸と非人間性とはどこかで人間を殺してしまったことである。また、彼らが今日なお、その非人間化を合理的に組織していることである」[11]。白人も黒人も、抑圧者も被抑圧者も、主人も奴隷も、対照的な境遇を超えて不幸であることに変わりはない。

私が知るかぎり、マンデラの自伝にヘーゲルが登場することはない。一方で、ファノンはヘーゲルと黒人との関係を論じながら右の点を説いている。ところで、当のヘーゲルが黒人を蔑視し、アフリカを歴史の外に置いたことはよく知られている。『歴史哲学』において、彼は、アフリカが世界のどの地域にも開かれておらず、普遍性に到達しておらず、神や法に到達していないと述べている。そして、ヨーロッパ人とアフリカ人がもちうる唯一の関係は、奴隷制であるとも言っている[12]。自分が歴史の外に置き、ヨーロッパとの唯一のつながりは奴隷制というつながりであるとしたアフリカ人によって自分の思想が継承されるという歴史の狡知を、絶対知の哲学者は予見しえただろうか。

少なくとも、ヘーゲルをふんだんに引用しながら「歴史の終わり」を説いたフランシス・フクヤマが充分に予見していない論点が、マンデラやファノンによって呈示されているように思われる。また、「グローバルな対テロ戦争」の推進者たち、たとえば、「文明の衝突」のサミュエル・ハンチントンや、カント的なヨーロッパに対して、ホッブズ的なアメリカを対置したロバート・ケーガンなどのパワー・ポリティックスが論じていない点があるように思われる。彼らによる力の強調、命を賭けた闘技場としての世界観は、しばしば「現実的」だとされ、それに対して、「誰かの自由を奪ったとき、私は真に自由ではない」と述べるマンデラの言説は、空虚な理想主義にすぎないとして退けられるような風潮がある。

だが、ヘーゲル自身、認知のための命を賭けた闘いとしての「主人と奴隷の弁証法」を説く一方で、和解を説いていることを忘れてはならない。まさに自伝を書き上げようとするとき、すなわち長い歩みのすえに政治的な勝者になろうとしているときにマンデラが発する「主人の解放」は、ヘーゲル的な和解の思想を政治の舞台で実践する試みのようにも見える。黒人は、普遍性には達しておらず、神も法も知らない。和解も知らない、とヘーゲルは断言した。それを知ってか知らずか、――現実の南アフリカ政治が理想にはほど遠い状態だとはいえ――マンデラは南アフリカの真実和解委員会を超えて、より大きな和解を呼びかけ、ヘーゲルが究極的な目的としたものを目指した。自分が歴史から排除したアフリカ人によって相続され、実践されようとするヘーゲル。私は、理性の狡知について語った哲学者自身が、理性の狡知に裏をかかれたような状況を、そこに認めたいという誘惑にかられる。

最後に、なぜ obscene inequality は、主人にとっても不吉であり、不幸の前兆なのか。それは、主人が奴隷の労働によってのみ自然に対して自由であることができるからでもある。主人は自然から遊離し、自然に対して無知になる。ますます切迫する資源の枯渇、飽くなき消費への欲望。グローバル化した経済の地平はけっして明るいものではない。それもなお、その危機を否認しつつ、富める者たちは生産‐消費活動に邁進する。それは、人間にふさわしい生なのか。被抑圧者に decent〔人間らしい〕な生活を許さぬ抑圧者は、本当に decent な生活をしているのか。いずれにせよ抑圧者もまた、それを失う危険にさらされていることは間違いない。

（1） Michel Foucault, *Dits et écrits III*, Paris, Gallimard, 1994, p. 786.（『ミシェル・フーコー思考集成 Ⅷ』筑摩書房、二〇〇一年、八五頁）

（2）http://www.undp.or.jp/mdg/ 参照。
（3）http://news.bbc.co.uk/1/hi/uk_politics/4232603.stm. 強調は引用者。
（4）Nelson Mandela, *Long Walk to Freedom*, New York& Boston, Little Brown and Company, 1994.（『自由への長い道』上下、東江一紀訳、NHK出版、一九九六年）
（5）この点については、簡単ながら「アフリカによる証明」、『世界』二〇〇五年一一月号、二〇二—二〇九頁にて論じた。
（6）http://hdr.undp.org/reports/global/2005/
（7）«Alerte humanitaire au Niger», in *Le Monde*, 2 août 2005; Jean-Pierre Guinguant, «Niger: combien de famines encore?», in *Le Monde*, 19 août 2005.
（8）本稿におけるマリ関連の記述は、以下の著作に負っている。Aminata Traoré, *Le viol de l'imaginaire*, Paris, Arthème Fayard/Actes sud, 2002.
（9）Hannah Arendt, *Eichmann in Jerusalem. A Report on the Banality of Evil*, New York, PenguinBooks, 1963, p. 253 sqq.（『イェルサレムのアイヒマン　悪の陳腐さについての報告』大久保和郎訳、みすず書房、一九六九年、一九六頁以下）参照。また、グローバリゼーションと全体主義との関連については、増田一夫「シュミットとアーレントのあいだ——もしくは敵なき例外状況」臼井隆一郎編『カール・シュミットと現代』沖積社、二〇〇五年、二五一—二九一頁参照。
（10）Nelson Mandela, *op. cit.*, p. 624.（前掲書　下、四四八頁）強調は引用者。
（11）Franz Fanon, *Peau noire, masque blanc*, Seuil, Paris, 1952, coll. Points Essais, p. 187.（『フランツ・ファノン著作集1　黒い皮膚・白い仮面』海老坂武、加藤晴久訳、みすず書房、一九七〇年、一四三頁）
（12）ヘーゲルとアフリカについては、G. W. F Hegel, *Vorlesungen über die Philosophie der Geschichte*, vol. 12, Frankfurt am Main, Suhrkamp, 1970, p. 120 sq.（『歴史哲学　上』武市健人訳、岩波文庫、一九七一年、一九九頁以下）参照。

肯定と抵抗――序説

港道隆

『技術への問い』の日本語版に寄せた「序文にかえて――日本の友に」でマルティン・ハイデッガーは、「世界のヨーロッパ化」とは何を意味するのかと問うている。世界へと拡張するヨーロッパとは近代西洋のことであり、それが今や全地球を支配しつつある。その支配は何に由来するのか？　近代技術に、と彼は言う。[1] この命題から彼は、「本文」において有名な技術の思惟を展開する。古代ギリシアにおいて、*téchnē* とは *poíēsis* に属す知の一形態である。ハイデッガーによれば、後者は「出で-来-たらす」（Her-vor-bringen）ことと規定され、そこには「自ら-こちらへ-上り来ること」（das von-sich-her Aufgehen）という意味での *phúsis*［自然］も属している。「出で-来-たらす」ことは、「隠れ」（Verborgenheit）から「隠れ-なさ」（Unverborgenheit）へと持ち出すことである。露わにする（Entbergen）ことである。「隠れ-なさ」は、*alétheia* に充てた語であり、それをもってハイデッガーは真理の規定だとする。[2] では *téchnē* とは何か？　*phúsis* と同じく「出で-来-たらす」ことでありながら、工芸や芸術として「人間」が手を貸すことである。だが、職人的な技術や芸術と、科学と根本的に結びついた近代技術とはまったく異なるのではないか？　ハイデッガーによればそうではない。近代技術も「出で-来-たらす」ことであり「露わにする」ことであり続けている。しかし、*poíēsis* の意味は失われた。そこに特種性がある。今や技術は、「自然に対して、そのものとして搬出され貯蔵されうるエネルギーを供給せよという無理な要求を仕立てる挑発（Herausfordern）」になる。挑発という意味で、自然エネルギーを立たせる（stellen）。例えば土地は鉱石を供給し、鉱石は例えばウラニウムを、ウラニウムは原子力を供給するために立たせる。今や農業さえも、動力化された食品工業として田畑を立たせる。それは二重の意味で立てる、立たせる。まず、開発し外へ立てる（herausstellen）ことによって促進＝搬出する（fördern）、次には、他の利用に役立つようにと促す。[3]この「露わにする」ことは開発する、変形する、貯蔵する、分配する、切り換えるという在り方をもつ。

それでは、誰が自然を挑発しつつ立てるのか？ 明らかに人間である。しかしそれは、人間が自然を支配するなどという意味ではない。人間は実は技術の主人なのではない。人間は既に「自然エネルギーを搬出するように挑発されている」。自然を挑発しつつ立てるように挑発され、仕立てられ、そう呼び求められているのだ。人間の方が自然より根源的に、例えば「人的資源」（Menschenmaterial）として「在庫＝資産」（Bestand）に属しているのである。「仕立てつつ露わにすること（das bestellende Entbergen）としての近代技術は単なる人間の行為ではない。[4]」近代技術のこの在り方をハイデッガーは「組み-立て」（Ge-stell）と呼ぶ。

「組み-立て」は「隠れ-なさ」としての真理の一様態である。しかしそれがすべてを支配する時、自然は認識の対象であることさえ超えて役立つものとして現われ、人間もまた単に役立つものだと自己理解することによって、他の「隠れ-なさ」の様態は隠蔽される。この隠蔽の上でのみ、技術によって人間が自然の主人であるかのような理解が成立する。ハイデッガーはここに、存在理解の偶然ならぬ歴史的「命運」（Geschick）を嗅ぎつける。「組み-立て」の支配はしかし、最大の危険である。その危険は、いかにして人間が再び技術の支配者になるか、あるいは、いかにして人間は自然と共存しうるかといった問いによっては克服しえない。ハイデッガーがどのように彼流の克服の道を準備したのか、それはここでは問わない。ただ、彼が近代技術を、「存在忘却」に基づく西洋形而上学の到達点と見なしていることは注目に値する。今や哲学的思惟なるものが論理計算の技術に取って代わられているのである。

一九三〇年代にサイバネティクスに着目したハイデッガーの見解は、情報技術の高度な発達に基づく現代のグローバリゼーション、あるいは「世界のヨーロッパ化」に対しても有効性を失ってはいない。その動きはしかも、「世界」を一つにして行くどころか、ますます分断する方向に向かっている。巨大資本の論理を体現する「新自由主義」なるものと「民主化」要求とが結びついたグローバリゼーションが垂れ流している諸問題はよく知られているため、改めて列挙することはしない。[5] ここで確認しておくべきは次の問いである。ハイデッガーにとって西洋形而上学とは、古代ギリシアのプラトンとアリストテレスに始まり、キリスト教がそれを受け継いで体系化して同じ存在理解を展開してきた存在-神学であるとすれば、形而上学とその完成形態である近代技術の世界化から今日のグローバリゼーションにいたる流れもまた、根本的にキリスト教の刻印を帯びているのではないか？例えば、宗教を最終的に哲学へと止揚するヘーゲルが「新聞を読むことは現代の朝の祈りである」と言っているように、「世俗化」に潜む、あるいはそれを支えるキリスト教である。存在-神学の「破壊」(Destruktion)に着手し、キリスト教よりも根源的なところから改めて歩み出そうとするハイデッガーの存在の思惟の動きを詳しく検討することは別稿に譲って、[6] こちら側に目を転じよう。

かつて私は、西田幾多郎に始まる近代日本の「哲学」を、この社会の西洋近代化が孕むパラドクスとして論じたことがある。[7] 一九三五年当時の、いわゆる「近代の超克」論、およびその周辺を構成した思想的営為、とりわけ京都学派は西洋の歴史を、古代ギリシアからキリスト教中世を経て近代へ、すなわち自然中心主義から神中心主義へ、そこから人間中心主義＝機械主義の推移と捉え、今や人間が機械主義に呑み込まれるという、近代において露呈した分裂ないしニヒリズムを、東洋の、さらには日本の「固有性」を対峙させて弁証法的に乗り越えるという身振りをした。この身振りは、西洋をキリスト教と近代の科学知識＝技術によって規定し、それに（日本）仏教、尊皇思想、日本的「魂」「精神」を対立させるという図式によってプログラムされていた。一過性の過去ではない。西洋的「有」と東洋的「無」といった、今日から見ればある意味では劇画的な図式はしかし、項を入れ替えれば、今日でもこの地の思考の少なくとも一部を支配している。しかし、とりわけナショナリズムに極まるこの身振りが、この図式そのものが西洋のものではないのか？ 「魂」ないし「精神」が純粋なままにとどまっていることは不可能ではないか？ 私の分析と読解を導いている仮説である。もしこの仮説が有効であるとすれば、例えば当時、日本の「固有性」を肯定するために持ち出された「日本仏教」なるものはどうなるのか？ それは既に、世俗化されたキリスト教の存在-神学の世界の中で、キリスト教的-形而上学的な言語に翻訳された、従って既にキリスト教化された「日本仏教」ではないのか？ 信仰と、世界の解釈体系である仏教が容易にキリスト教化されることはないにせよ——それさえ、ヨーロッパ言語の概念と語法への翻訳の中で可能である——、形而上学言説において対立物として提出される「日本仏教」なるものは、既にキリスト教化された「仏教」なのではないか？ こうした問いを徹底的に追求する身振りは、いつまでもその必然性を失うことはない。しかし、そこで思惟が立ち止まることはできない。問いが終結することはない。なぜなら、今日アングロ・サクソン流に、あるいはアメリカ流に「グローバリゼーション」と呼ばれる「世界のヨーロッパ化」の波に、しかも大波に、あらゆる社会が組み込まれつつある現在、この社会でも何らかの対抗力を組織できないのかと問うことが急務になっているからだ。再びヨーロッパ近代とその限界を問い直すことが必須になっているからだ。そこでは、世界的なグローバリゼーションの進行の中で、あたかも「近代の超克」当時の問題設定が別の形で回帰しているかに見える。それに対しては歴史的な経験を踏まえて、同じ罠に陥らないためには、どのように別の形で考えることができるのか？ 未曾有の道を拓きうるのか？ 本稿は、グローバリゼーションの圧倒的な波に対して私が対応しようとする試みのささやかな「序説」に過ぎない。一度「序説」をしたためるや、そこから歩む距離は遠大であろう。それを予感した上で一歩を踏み出すことにしよう。

一九二一年（のものだと推定されている）覚え書き[8]で若きヴァルター・ベンヤミンは、資本主義を「宗教」だと言い切っている。それによれば資本主義とは、マックス・ヴェーバーが考えた意味で、宗教改革期のキリスト教が条件づけて発生した構成体なのではなく、本質的に宗教現象である。「宗教改革期にキリスト教は、資本主義の到来を助長したのではなく、それは資本主義に変容したのだ。」その特徴は三つあるという。第一に、それは特有の教義も神学ももたない純粋に文化的宗教であり、功利主義がそこでは宗教色を獲得する。第二に、「資本主義とは休日なく仮借ない祭式の挙行であり」、そこには祭日ならぬ「平日」はない。第三に、その祭式は償いをもたらさず、一方的に罪悪感を普遍化させる。それは遂に神を呑み込むにいたり、神聖なる超越は堕ちた。だが神が死んだわけではなく、人間の運命に包摂されているのである(9)。この見方が有効であるとすれば、市場の自由化を強圧的な政治的圧力で世界を席巻する「新自由主義」の動きも、「自由競争は人類を幸福にする」という一種の不遜な宗教的信仰であることが分かる。それには何の保証もないばかりか、いたるところに不幸を振りまいている。悲惨を生産しているのだ。グローバル化する「新自由主義」は、とりわけ東側における社会主義体制の瓦解以来、市場の開放と取引の自由を要求して、経済の国家による保護を停止し、市場が求める情報の開示、意思決定の透明性を求めることによって国家の経済政策を呑み込んで、貧富の格差を拡げるばかりではなく、国家の住民の間にも格差を拡げ、例えば教育や医療のレヴェルでも住民を分断して行く。単に、ハードな技術の格差ばかりでなく、資本主義との関係の取り方の技術の差異でもある。WTOと世界銀行と「先進国サミット」がその信仰の「伝道者」である。それは、政治的にも「自由主義」と「民主主義」なるものと手を携えて進む。資本主義が必要とする「自由」に敵対する国家関与、とりわけ政治的独裁を除去することが「世界的な使命」となり、冷戦時代とは手のひらを返したように、それをリードするのがアメリカ合衆国である。その中ではもちろん、生活の基本がこうした変化を蒙ることによって、身体と心の在り方を始めとした文化もまた画一化されて行くであろう。

　こうした地球《グローバリゼーション》化の進行の中で、何らかの別の選択肢あるいはオルタナティヴを発明しようとする時には何が起こるのか？　新たなナショナリズムがもはや対抗力をもたないのは明らかだ。今日の日本社会を見ても、グローバリゼーションに棹さすナショナリズムと反-グローバリゼーションを標榜するナショナリズムとが混在しており、部分的には対立している。しかし、オルター・グローバリゼーションが可能だとすれば、それはグローバリゼーションとナショナリズムとの表象上の対立関係とは別の次元を開く、あるいは発明するのでなければなるまい。その試みの一つを例えば脱構築（déconstruction, deconstruction）と呼ぶことができる。この名前がオルター・グローバリゼーションの排他的な名前ではないことは言うまでもない。むしろ、脱構築とはそうした複数の運動の中の一つの動きである。ジャック・デリダに発するこの名称は、学派の名前でもなければ、何らかの方法のそれでもない。それは、現状理解を基にして既に展開されている複数の試みからなる。本稿は、以上に点描してきたことから浮かび上がる問題系に対して、私が対応しうる身振りの最初の素描にとどまる。素描というのは、問題系の点描にしてからがさらに厳密な議論を課題にしているからだ。この素描に際して私は、哲学者ジャン＝リュック・ナンシーのテクスト「キリスト教の脱構築」を取り上げたい。そこでは、脱構築をもその一つとするオルター・グローバリゼーションの在り方と可能性の性格が問われているからである[10]。だからといって私は、こうした「抽象的な」レヴェルでの議論が「片づいた」後でなければ、オルター・グローバリゼーションの試みが無駄になるなどと言っているわけではない。どのような発想であれ、対抗する相手は共通である。それら政治-経済-文化的な複数の試みと「哲学的」思惟とは、相携えて進むことしかできないからである。

1　「キリスト教の脱構築」のステイタス

いくつかのテクストでジャック・デリダは、現代のグローバリゼーションを mondialatinisation［世界ラテン化］と形容している。キリスト教化である。あるテクストで彼はこう書いている。

mondialatinisation（本質的にキリスト教的な、もちろん）、この語はユニークな出来事を名指している。それに関しては、メタ言語は接近不可能であるように見える。その一方では、それでもメタ言語はここで欠かせないものであり続けるのではあるが。というのは、われわれは、この世界化（mondialisation）の限界を知覚しなくなっていると同時に、それが有限であり単に投影されたものに過ぎないことを知っているからだ。問題は、ある世界性であるよりは、ラテン化であり、いまだそれがいかに回避できず、いかに帝国的なものであろうとも、息切れした世界化である。この息切れをどう考えるべきか？[11]

「世界ラテン化」、しかしローマ・カトリック化と言っているわけではない。プロテスタントも含めたキリスト教化である。キリスト教とローマ法以来の歴史を担って世界化する「ヨーロッパ」によって、経済と技術分野における言葉遣い、経済的・政治的交渉の言語、憲法を始めとした国内法、国際法と国際政治の言語、さらには学問の言語までもがヨーロッパ語化され、さらには英語が世界共通語化する中で、いわゆる原理主義的な「宗教的なものの回帰」の解釈までもがローマ＝ラテン－キリスト教によって根本的に重層決定されつつあるのだ。そこには、政治舞台での「告白」というキリスト教化も含まれている。「自白と赦しと和解の世界化」である。[12]

一九九九年のインタヴュー「世紀と赦し」で彼は、二十世紀末になって個人から宗教指導者、国家元首にいたるまで、世界各地で「赦しを乞う」声明が次々と発せられた事実に注目し、赦しのこの世界化が、進行中の巨大な「告白」に、潜在的にキリスト教的な痙攣－改心－告白（convulsion-conversion-confession）に似ていると言う。[13]しかもそうした言葉遣いは、ヨーロッパ起源でも聖書起源でもない文化にまで不可避なものになってきているのだ。デリダは例えば、一九九五年当時の日本国首相、村山富市の「心からのお詫び」談話を挙げている。

私が考えているのは、日本の首相が、過去の数々の暴力行為について、韓国人と中国人に「赦しを求めた」いくつかの場面のことです。なるほど彼は、彼の「心からのお詫び」を彼自身の名前で行なったのであり、何より天皇を国家元首としてかかわらせたわけではありません。しかし、首相なのですから、単なる一私人以上のものをかかわらせていることはたしかです。(14)

その上で、当時の韓国政府と日本政府との間で交渉がもたれ、政治的な次元での関係修復と政治‐経済的な新たな方向づけが、従って和解と正常化が目指された。(15) 告白から和解へ、少なくともデリダの目には、村山談話は、告白と和解の世界ラテン化に棹さすものだと映ったのである。それでは、グローバリゼーション、さらには「世界ラテン化」に脱構築的に関わる時には何が起こるのか？　「キリスト教の脱構築」は何をしているのか？　領土的意味でのヨーロッパとその外部に対応する形で、単純に「ラテン化」の外部に飛び出すことは不可能である。その不可能性を踏まえた上で問いを立てるのでなければならない。

ジャン＝リュック・ナンシーは常にデリダと問題意識を共有し、ハイデッガーをも十分に踏まえて思索を展開してきた。だからといって、幾多の点においてデリダと見解を同じくするわけではない。とりわけ彼の「キリスト教の脱構築」は、独自の思索の結実として展開されてきた観がある。しかし、私自身はナンシーの著作を丹念に追ってきたわけではない。それゆえ、ここで彼の議論を参照するとしても、それは問題系を問題系として設定することに限定される。問いは従って、「キリスト教の脱構築」は、どのように、どこへと向かうのか、である。キリスト教からユダヤ教とイスラム教を含む一神教へと範囲を拡げようとする二〇〇一年の講演「一神教の脱構築」で彼はこう言っている。

私が「一神教の脱構築」と名づけようと思うのは、一神教を構成している諸要素を脱集約する作業であり、それはそれら諸要素の間かつその背後に、構築の退隠したところに、それらの集約を可能にしたものを見抜き、いまだ恐らくわれわれに、逆説的にも、それ自身が世界化され無神論化されている限りでの一神教の彼方（l'au-delà du monothéisme）として発見すべく、思惟すべく残っているものを見抜くためである。(16)

だが、三つの「アブラハムの宗教」を一挙に問い直すわけではない。ナンシーの身振りはその中でも最もヨーロッパ的な形式になった、そこから世界の西洋化と手を携えて拡大するキリスト教から出発して問いを立てることにある。近代化を可能にしたヨーロッパ、あるいは西洋（Occident）は深層においてキリスト教の刻印を担っているからだ。キリスト教は、ヨーロッパの世界化ないしグローバリゼーションの動きの中で、それと認められなくなった場所にまさに現前しているのである。（私も、ここでの問いかけを、一神教なるものの次元ではなく、キリスト教のそれに限定する。）その上でナンシーが目指すところは、キリスト教を否定することも、宗教としてのそれに回帰することもせずに、キリスト教、一神教、西洋の下で埋もれていながら、キリスト教的でも反キリスト教的でもなく、一神教的でも無信教的ないし多神教的でもなく、これらのカテゴリーすべてを可能にした後にそれらの彼方へと歩みだしうる地点、世界の未来を開く地点である。(17) しかし、その彼方とは何か？

ナンシーの大前提は、キリスト教が「自己超克」（autodépassement）によって、さらには「自己-脱構築」（auto-déconstruction）によって特徴づけられるというものだ。「キリスト教の脱構築」および「一神教の脱構築」から――

この自己超克という状態は、おそらく極めて深くキリスト教に固有な（propre）ものであり、それはおそらくその最も深い伝統である。

キリスト教的同一性（identité）は従って、事の始まりから自己超克による構成である。新たな法（Loi）の中にある古い法、御言葉（Verbe）の中にある*logos, civitas Dei*［神の国］の中にある*civitas*［都市国家］等々である。

キリスト教は独力で、それ自身において、一つの脱構築であり、一つの自己-脱構築である。(18)

今から疑問を提出しておこう。キリスト教が自己-脱構築の運動であるなら、キリスト教の脱構築とはキリスト教の自己実現そのものではないか？ 脱構築の脱構築は不可能なのではないか？ この問いには後に改めて立ち戻ることにしよう。

ナンシーにとって「キリスト教の本質」とは何か？ それは、自己超克から直ちに得られる。それは「開放性」（ouverture）、自己の開放性であり、開放性としての自己である。緊張の弛緩（distension）、隔たり（écart）、自己からの無際限な脱出としての自己への関係である。自己から脱出し、自己を超克し、他者に出会い、その出会いから自己へと回帰する。それは他者への関係に他ならない。その運動によってキリスト教は、先行するユダヤ教とヘレニズム文化とローマ文化の「弁証法的止揚」（relève dialectique）として自らを概念把握する。正統性（orthodoxie）の構成という点では他のどの宗教とも同じでありながら、潜在的には無限の運動として自己を把握する点でキリスト教は唯一的である。「キリスト教的な信（foi）はそれ自身、自らの歴史の経験である」（212/一三二）。

……自分自身の先立つものの表徴を絶えず解読する潜在的には無限の先行性と、それが歩みつつある自らの出来事の最終的な到来を企投する（projeter）無限の未来との間で緊張しつつ、キリスト教は構成的に、移行と現前との間で緊張している（213/一三四）。

「人間の中への神の移行から人間への神の現前／臨在」、それがキリスト教の意味＝方向（sens）に他ならない。しかし、自己を脱しつつ意味［＝方向］が現前へともたらされて行くなら、いずれ意味は飽和状態を迎えるだろうし、それは同時に意味の枯渇でもあるだろう。自ら「神の死」を、無神論を、人間主義を、ニヒリズムを生み出すのだ。(19) これらの事態はキリスト教に外部から対立するのではなく、それ自体がキリスト教のマークを担っている。そこからナンシーは、「信」「罪」「生ける神」「啓示」「福音」等の概念を解釈し直して見せる。だが、ここではその足取りを追うことはしない。ここで注目すべきはむしろ、ナンシーの根本的な身振りであり、彼が訴えている用語そのものである。

ナンシーは宣言する。「キリスト教は西洋から不可分である」（207／一二四）。問題は西洋（Occident）であり、それはキリスト教と外延を等しくする。西洋的生活様式、西洋的政治‐経済‐法体系、西洋の思考が他の地域にまで拡張するにつれ、キリスト教も拡大する。「世界のヨーロッパ化」、西洋化、ないしグローバリゼーションの進行の中で、全世界がキリスト教化しつつあるのだ。だが、それとともに、歴史的に、西洋は脱キリスト教化する。しかし、既に見たような運動として、キリスト教はそうして生き延びるのである。その限りで、「すべてのわれわれの思考は徹頭徹尾キリスト教的である」（208‐209／一二五）。意味の極めて特殊な葉脈（nervure）を露わにしつつ自己成就する、それが西洋の西洋性をなす。ここでキリスト教を脱構築することとは、この自己成就の限界に至るまでその「歩み＝（自己否定としての）否」（pas）に付き従い、西洋の限界の彼方を目指すことに他ならない。

［その歩＝否においては］西洋がいまだに西洋であり続けるためには、あるいは自分自身の彼方でなお自分自身のうちの何ものかであるためには、自己と別れることしかできない。この歩＝否においては、西洋は自分自身と別れなければならず、従って西洋が自己と別れることと、キリスト教が自己と別れることとは同じ一つ

の身振りである（208/一二五-一二六）。

誰がこの試みに反対するであろう。それでも、この身振りを問い質す理由はある。なぜなら、キリスト教の脱構築とは、自覚的に西洋の思惟だからだ。しかし、この歩＝否がすべての両義性を記している。それは自己-脱構築するキリスト教の完成、あるいは少なくとも拡張なのか、それともキリスト教の彼方への脱出なのか？　それはヘーゲル弁証法による我有化なのか、それとも脱弁証法なのか？　脱構築の脱構築の両義性である。ナンシー自身がその両義性に言及している。「ヘーゲル弁証法の*Aufhebung*［止揚］の身振りと、弁証法的な止揚に属さないであろうもう一つ別の身振り」との間にある両義性を、彼は全面的に引き受けると言う。しかも、「われわれ」はヘーゲル弁証法の止揚が何であり、否定が何であるのかを「恐らくは知らない」のだ（208-209/一二六-一二七）。この根本的な両義性をどのように考えたらいいのか？　近代化、さらにはグローバリゼーションとともに、世界が西洋化されつつあるとしても、出自を異にする文化はどうなるのか？　文化や伝統の固有性という、それ自体が西洋化された思惟ではなく、事実として存在し、存続している差異は？　ある種の抵抗は？

ナンシーによれば、西洋とは「われわれ」の問題である。前に引用したように、キリスト教とその脱構築においては、西洋「固有の」（propre）が、西洋の「同一性」が問われている。しかしながら、脱構築と呼ばれる思惟の少なくとも一つの身振りは、執拗に本質なるものを、固有性を、同一性を、従って「われわれ」を問うてきたのではないか？　とすれば、脱構築の脱構築の脱構築が可能であり、かつ必要なのではないか？　ナンシーは言う。

そこにこそわれわれの状況がある。もはや地平はない＝より多くの地平を（plus d'horizons）。あらゆるところから、人は近代世界に地平を要求しているが、私が「地平性」と呼ぶであろうものを、いかにして再把握すればいいのか？　われわれが、まさに（数々の）地平の一根底（fond）ではない一根底の上に、際限のない開放性という、根底なき根底（un fond sans fond）の上にいるにもかかわらず、いかにして地平の性格を再把握すればいいのか？　これが、キリスト教が根底において（au fond）われわれを導いて行く問いである（211／一三〇）。

「地平」とは、フッサール現象学以来、広く思惟を規定してきた概念の一つである。彼が、少なくともここでは、「意味の未来把持」（protention）および「企投する」（projeter）という語を使っている（214／一三五）ことからしても、フッサールとハイデッガーの遺産を引き継ぎ、現象学的な「緊張」（tention）の由来である志向性（intentionalité）の概念に訴えていることは間違いない。その中で地平とは、フッサールの「内的時間意識」の分析以来、現象学の中で広く前提されてきた、「流れる」現在の緊張（tention）とは切り離せない過去把持（retention）と未来把持（protention）という時間地平が可能にする、存在者が現われる空間地平のことであり、それは有限な「主体」の弁証法としてヘーゲルに合流しうる発想であった。とすればここには、いかなる期待の地平をも超えたところから到来する他者という発想はないことになる。しかし、脱構築という名前を創始したデリダは、まさにここから活動を始めたのではなかったか？　デリダを脱構築の権威として、そこから評価しようというのではない。問いかけの質を問い直しているのだ。その上で問う。ナンシーの「キリスト教の脱構築」とは、どのような性格をもっているのか？　あるいは複数の脱構築の営為に対して、それはどのような言語行為になっているのか？

脱構築することとは、今や一つの伝統に、われわれの近代の伝統に属している。そして私には認める準備がすっかりできているが、脱構築の操作は、他のものと同じ資格で伝統の一部をなしており、その結果、それ自体が徹頭徹尾キリスト教に貫かれている（215／一三七）。

脱構築とは、脱-組み立てる＝分解する＝動揺させる（démonter）、脱-集約する＝接合を解く（désassembler）ことであり、その一方では、組み立て＝集約（assemblage）に遊びを与えて、その部品々の間に可能性が戯れるがままにしておく。その可能性があるからこそ、例えばキリスト教に属すと言われる幾多の組み合わせが成り立つのであるが、組み合わせが成立するや、それは自由な戯れを覆い隠し、否認することになる。だからこそ、キリスト教の否認を脱構築する必要があり、だからこそ、脱構築することとそのこともキリスト教の刻印を担っているのであって、それはキリスト教の内部でしか活動していないのだ。

……脱構築の身振りは、批判的でも永続化するものでもない身振りである限りで、フッサールにもヘーゲルにもカントにも見出されない、歴史と伝統への一関係を証す身振りである限りで、まさにキリスト教の内部でのみ可能であり、たとえそれが、この内部性から表明的に自らを定式化しないとしてもそうである。……ある意味では、私が予告していたように、キリスト教はそれ自身において、本質的に、自らの緊張弛緩の運動である。それが、開放性と自己の緊張弛緩にある主体の構成を表わしているからだ。となればもちろん、この緊張弛緩のおかげでのみ可能な脱構築は、それ自身がキリスト教的だと言わなくてはならない。脱構築はキリスト教的である。なぜなら、キリスト教が、起源から脱構築的……だからである（217／一四〇、強調は港道による）。

脱構築は従ってキリスト教のそれである。仮にキリスト教圏ではない空間があるとして、そこで脱構築が行なわれるとしたら、その身振りはその空間をキリスト教化するのだろうか？　キリスト教圏を拡大する先鋒の役割を果たすのか？　それとも、この問いそのものがトートロジーなのか？　というのは、脱構築が可能であるならば、その空間は既にキリスト教圏だからだ。「この内部性から表明的に自らを定式化しないとしてもそうである。」もしそうなら、仮に端的な「圏外」ではないにせよ何らかの「圏外」がある場合、ナンシーの身振りはそれを「われわれのもの」と署名して我有化することにはならないか？　しかしナンシーは、キリスト教の、さらには一神教の「彼方」を告げていたのではなかったか？　そうしたものがあるとすれば、それは何なのか？　ナンシーはこう言っている。

　キリスト教の脱構築が最終的に言わんとするのは、脱構築の起源ないし意味を目指した脱接合の操作である――脱構築には属さず、それを可能にしつつ、構造を機能させる空虚な升目のように、それには属していない意味を（217／一三九―一四〇）。

その「意味」なるものは、キリスト教に属していないのだから、もちろん脱構築にも属していない。それは「いかなる宗教も、いかなる進行も、いかなる知もまた――そしてもちろん、いかなる隷属も、いかなる禁欲主義も――満たすことも保証することもできない意味」（226／一五六―一五七）とも言い換えられている。だが今一度、その「意味」とは何なのか？　いくつかの論文を読んだに過ぎない私には判然としない。それを突き止めるには、「意味」について彼が展開している粘り強い考察を網羅的に読まなくてはなるまい[20]。それでも、以上のような形式的な読解の後に、次の一連の点を再確認しておこう。キリスト教の脱構築は、「われわれ」西洋に固有のキリスト教の状況を把握し、「われわれ」の同一性を問い直し、自己‐脱構築するキリスト教の限界の彼方に別の「意味」を開こうとする。その「意味」は、もはやキリスト教にも、その脱構築にも属していない。その限りにおいて、二重属格にあるキリスト教の脱構築は有限である。キリスト教化としての西洋の世界化は弁証法の運動であった。その彼方とは従って、弁証法が有限であることを意味するであろう。では、脱構築が終わる地点に見出されるその「意味」とは、非西洋なのか、非キリスト教的なのか？　自己‐脱構築するキリスト教の端的な外部が不可能である限りは、それを端的に例えば「東洋」と名指すことなどはできまい。それがキリスト教の脱構築の起源であり、それを可能にするものである限り、ハイデッガーの場合と同じように、むしろ原‐キリスト教的な境位なのではないか？　その彼方と「われわれ」との関係はいかなるものなのか？　それは依然として「われわれ」のものなのか？　西洋化の中にあり、かつ西洋とは出自を異にしつつ、なおキリスト教の脱構築を読む者たちは「われわれ」の一員なのか？　かつて、京都学派を含んで「近代の超克」を構想した思惟は、歴史の思惟として弁証法的な我有化の試みであった[21]。そこにはしかし、「ウルトラ西洋」としての「東洋」、あるいは「東洋」を名のる西洋という恐るべきパラドクスが支配していた。それは我有化であると同時に、弁証法的な非我有化であったのだ。今、ナンシー流のキリスト教の脱構築が徹底した西洋の、世界の西洋化の限界の自覚であるからといって、西洋の「われわれ」に属さないと感じている例えば「東洋人」が、同じパラドクスを招かずに端的な「外部」を自称することはできない。しかし、西洋に固有の同一性を問題にするナンシーの身振りは、その同一性を共有してはいないと感じる人々がいるという事実を無視することはできない。グローバリゼーションに対する抵抗の可能性を問うことが急務であるとすれば、ナンシーの身振りが見せる恐るべき両義性を、別の形で問い直すことが不可避であろう。

2　歩＝否の汚染

ナンシーの脱構築は、ユダヤ教、イスラム教とキリスト教の関係を問い直し、さらに「創造」「神」「信」「罪」

「受肉」などのキリスト教の概念を正面から取り上げることによって、直接にキリスト教と対峙する。しかもその際、「自己超克」といったヘーゲル弁証法的概念、「地平」「志向性」「把持」といったフッサール－ハイデッガー的現象学の概念に訴える身振りこそが、「われわれ」「固有性」「同一性」といった発想を脱構築の名の下に再び導き入れることによって、恐るべき両義性へと突進して行くように思われる。「一」を手放さずに西洋の「一」に挑むからである。イスラムからの応答については、私は詳しく知らない。だが、デリダの脱構築から出発して、ナンシーの試みにユダヤ教から危惧を示す人々もいる。[22] そうした論点に分け入ることはここではできない。私はむしろ、デリダの発言を参照することによって、問いを立て直すことを選択する。

デリダが直接ナンシーの試み、「キリスト教の脱構築」に言及した一節をここで引用しよう。ナンシーの「身体論」を高く評価する大部な著作『触れる』からの一節である。

かくも強力に、安易に抵抗しがたい形で、暴力的でもありながら、いわゆる *mondialisation*（*globalisation, Globalisierung*）についての言説（実は世界的ドクサ）が展開する「世界」の「歴史」のこの瞬間に、世界（*monde*）という名前からして、globe, univers, terre、（パウロの用法での）*cosmos* というその曖昧な等価物とともにキリスト教的言説が、このドクサの全射程を、混濁していながら、しかし確実な形で形成しつつあるこの瞬間に、ナンシーの提題はおそらく、しかしかくも異なる軌道の上で、ハイデッガーの企ての線と交叉する。世界の、「世界の世界化」の、それが自ら世界化ないし世俗化する（*weltet*）限りでの世界の思惟を脱キリスト教化することである。ナンシーが今日「キリスト教の脱構築」のタイトルで予告するものはたぶん世界の、ある脱キリスト教化の試練だということになるだろう。たぶん必然的で宿命的な、同じだけ不可能な試練だ。……キリスト教だけがこの仕事を行なうことができる、行ないつつそれを解体することができる。ハイデッガーは、彼もまた、彼も既に、それに失敗することによってのみそれに成功するのだ。脱キリスト教化はキリス

ト教の勝利になるであろう。(23)

同じテクストでデリダは、「ナンシーによって予告されている『キリスト教の脱構築』はかくも困難な、かくも逆説的な、ほぼ不可能な、キリスト教の誇張法でしかないということに永久に晒された課題であるように見える」とも書いている。(24) 否定しているわけではない。無駄だと言っているわけではない。しかし、そこには恐るべき両義性ないし逆説がある。こう指摘するデリダは、同じ脱構築という名前を名乗りながらも、ナンシーの試みから自らの作業を区別していることになるだろう。正面から挑むのでもキリスト教的世界化に甘んじるのでもない別の様々な可能性があるのでなければならない。この事態は何もアブノーマルなのではない。デリダはその歩みの始めから、常に複数の脱構築があると言い続けてきた。そして複数の脱構築の間に不一致があり、ディスカッションがあることは、むしろ constructive［建設的＝構築的（？・）］、少なくとも脱構築的であるだろう。では、デリダは自らの営為と宗教の伝統とをどのように考えているのか？

例えば、二〇〇二年にアメリカのトロントで行なわれた公開インタヴューで、彼はこう言っている。

……私が行なっていることは、ご存知のように、ハイデッガー的でもルター的でもありません。しかしそれは……それが全面的にユダヤ教的、キリスト教的、イスラム教的でさえある諸可能性に無縁であることを意味しません。さて、私が行なおうとしているタイプの脱構築が、こう言いましょう、アブラハム的――ユダヤ教的、キリスト教的、イスラム教的――なものであり続けるとしたら、それが含意するのは、脱構築がこの伝統の一部であり、この伝統の記憶であり、かつまた脱構築がこの伝統を予見しえない形で変状させるということでしょう。(25)

デリダはこのように、自らの営為が「一神教的」「アブラハム的」であることを肯定する。フッサールとハイデッガーのギリシアへの依拠に、そしてデリダがレヴィナス論「暴力と形而上学」の末尾で指摘した「ユダヤ-ギリシア人」の定式に「キリスト教」が不在であることを精神分析的な意味での「否認」だと見なすナンシーなら、それを「ギリシア-ユダヤ-キリスト教的」だと言うであろうし、[26]様々な含意をもってそれを「ユダヤ的」だと呼ぶ人々もいた。ただし、安心するための分類なら止めた方がよい。また我有化の闘いであるなら、それは脱構築の対象になるだろう。この肯定は従って、その何れでもないことを示している。しかも、脱構築とキリスト教との特権的な結びつきをデリダは認めていない。語「脱構築」は確かに——

さて、語「脱構築」は、ユダヤ教やイスラム教よりはキリスト教により密接に関係しています。その語はハイデッガーの *Destruktion* とルターの *destruuntur* を指示しています。しかし、それがキリスト教と文字の上で結びついているという事実は、キリスト教が他の宗教より脱構築的であることを意味しません。[27]

「脱構築——われわれはそれを知って何世紀にもなる!」、そう言う仏教徒、ユダヤやイスラム神学者を想像しうると彼は言う。

人々がはるかな東洋文化から、まさにそう言いに私のところに来たことがあります［誰のことか? T. M.］。そして私は、同じことを言うであろうユダヤ教神学者、そして恐らくムスリム神学者がいることを確信しています。ですから、脱構築のキリスト教との結びつきが他の宗教のものより目立っており、より文字通りであるという事実は、キリスト教が脱構築とより大きな類縁性をもっていることを意味しません。[28]

「脱構築などは西洋のことに過ぎない。日本には形而上学がない。脱構築は昔から日本にある。従って、日本には脱構築は必要ない云々」、こうした言動はいくどとなく繰り返されてきた。ルサンチマンなのか、否認なのか。何れにせよ、珍しいことではない。しかし、だからこそ、どこでも脱構築は可能だということになるだろう。あらゆる汚染とともに。脱構築が、デリダという人の出自からして、ユダヤ教やキリスト教の記憶と発想を担っているという事実は、脱構築を名乗ろうが名乗るまいが、他の宗教や文化において同じ営為が可能だということを排除しない。むしろ特定のキリスト教化の動きに抵抗することもある。それは、キリスト教化としてのグローバリゼーションというコンテクストでは緊急のことでもあるだろう。

私が世界ラテン化（*mondialatinisation*）あるいは、英語で globalatinization を語った時、私が考えていたのはキリスト教化としての、ローマ・キリスト教化としてのグローバリゼーションでした。私が含意していたのは、キリスト教は予見不可能な変容に直面して最も可塑的な、最も開かれた、最も準備のある、最良に準備のある宗教だということです。ですからたぶん、キリスト教の脱構築が進展し、われわれがもはやキリスト教のルーツを認めることができなくなるでしょうが、それでもなお、これはキリスト教だと言うことができるのです。[29]

ナンシーが描いてみせるのはこの状況である。彼がある意味では絶対化するのもこの状況である。デリダはしかし、脱構築はキリスト教の内部でしか可能ではないとは言わない。詳しい検証は省くが、ナンシーの方はキリスト教化を西洋の同心円的な拡大だと発想しているように思われる。その仮説が正しいとすれば、彼は常に、内か外かという問いに囚われることになる。境界というより限界は、デリダの営為が始めから示しているように、常に「内部」を走っているのであり、境界の外に単純に飛び出すことはできないにせよ、内に走る亀裂から何らかの外を窺い、道を拓くことは可能であろう。世界のラテン化は、「世界」なるものの運命でもなければ、無抵抗のままに受け入れるべきものでもない。歩［＝否］（pas）の両義性もまた別の様相を示すことになるだろう。

3　抵抗はいかに？

今日、グローバリゼーションはいたるところで抵抗を受けている。WTOや「先進国サミット」を巡ってばかりでない。それは反戦運動の形で、公共サーヴィスの民営化反対を始めとする労働運動の形で、移民の流れとして立ち現われる。それらはしかし、グローバリゼーションに外から対立し、それを真っ向から否定する動きではない。それが既に、進行するグローバリゼーションの内部で起こらざるをえない限りは、グローバリゼーションの別の形態を模索する以外にはない。オルター・グローバリゼーションと呼ばれる所以である。脱構築もまた、デリダが「世界ラテン化」と呼ぶグローバリゼーションへの抵抗点を探り出し、名づけ、その自己解釈には収まらない地点からグローバリゼーションを問い直すことによって、それ自体が抵抗の（言語）行為である。本稿を結ぶにあたって、例えばデリダが「世界ラテン化」の暴力をいかに標定し、いかに扱っているのかを垣間見ることにしよう。歴史的事実、文学作品、そして別な結節における「われわれ」の「今日」である。

(1)　赦しと和解

アパルトヘイトの終焉後、南アフリカ共和国は、それまで吹き荒れてきた暴力の連鎖を清算し、国民的和解を実現することを目指して「真実和解委員会」を設けた。「政治的理由」から暴行を働いた加害者自らが告白し、真実の究明に寄与するという条件で、その法的責任を免除し、被害者との和解を準備するという極めて困難な課題を背負った。それは、二五年の長きにわたり悲惨な状態で投獄されていた黒人指導者ネルソン・マンデラが、既に獄中で構想していたプロセスを実現したものである。その努力の歴史的な意味を十分に評価しつつもデリダは、絶筆となったテクスト《*Versöhnung, ubuntu*, pardon : quel genre?》［「和解、*ubuntu*、赦し――どのジャンル＝ジェンダー？」］(30)において、キリスト教徒である二人の指導者、マンデラと、「委員会」議長に指名された英国国教会大司教デスモンド・ツツとの間の差異に注目し、強力な和解の哲学たるヘーゲルの言説を問い返しながら、多数の民族と宗教と言語からなる南アにおける「和解」プロセスのキリスト教化が孕む問題を掘り起こしている。ただしここでは、テクストの豊かさを暴力的に切りつめ、そこで果たしたキリスト教化の役割に注目する。

「和解は多くの努力を費やし対決を含む。そうでなければイエス・キリストは十字架の上で死ななかったであろう。彼は到来し、われわれを和解させることに成功した。しかし、彼は他の人々と対決し、分断の原因になった(31)」、こう言うツツは、「委員会」の言語と解釈とプロセスを強力にキリスト教モデルで方向づけた。赦しを和解と結びつけることによってである。彼は、自らの善意からであろう、「委員会」の議定事項と憲章にしばしば登場する語 *ubuntu*、諸々の「部族」の間の「連帯」（fellowship）「共市民性」（cocitoyenneté）「共感」（sympathie）「思いやり」（compassion）「他者における人間性の承認」等を意味しうるこの語の代わりに、「再建的正義」と言う。それは「贖罪の正義」である。しかし、キリスト教の方からプロセスを方向づけることによってツツが、自ら言及した「イエス・キリスト」と同じく「分断の原因になった」ことは想像に難くない。言い換えれば、和解のプロセスが動き出す以前に、「赦し」について幾多の言語と文化の間に差異がある限り、様々な理解の間の「和解」がそれに先行する、あるいは並行するのでなければなるまい。そこに覇権争いが起こることは必至である。そこでは、どの言語、どの文化が勝利を収めても暴力による以外にはない。キリスト教論理だけが唯一の暴力の担い手ではないであろう。それにもかかわらず、「和解」と「赦し」とのキリスト教の結びつきが支配するとすれば、少なくとも世界に通用する言語と言葉遣いが、地球上の大多数の人々が知らない言語と言葉遣いを圧倒することに他ならない。そこに働く暴力は、依然として問い直すに値する。

赦し（pardon）のキリスト教化とは何か？ それは、告白、悔悛、回心、懺悔を条件にして、罪を赦す、恩赦・特赦を与えるというものである。それは赦す側の被害者と、赦しを乞う側との和解を目指してなされる。ところが、キリスト教に基づくか否かにかかわらず、国民的というより国家内部の和解を目指す第三者機関、「委員会」によって「赦し」が与えられるや、被害者の特異性は必ずやこぼれ落ちる。そこに暴力がある。デリダは、「委員会」におけるある黒人女性の応答に言及している。彼女の夫は連れ去られ殺されたのだった。出頭したその女性は、「赦す用意はあるか？」と問われて答えた。ただし、デリダとともに、まずその証言の言語的ステイタスに注目しておく必要がある。彼女は、「委員会」が公認している十一の方言の一つで話した。ということは、証言を巡るやりとりは通訳を介して行なわれ、その詳細には不明な点が残るであろう。女性の証言もまた、直接に聞き読むことはできない。従って、証言の英語訳のフランス語訳の日本語訳というこの連鎖は、常に慎重な扱いを要求するであろう。

従って女性は答えた。「どんな政府も赦すことはできない。（沈黙。）どんな委員会も赦すことはできない。（沈黙。）私だけが赦すことができる。（沈黙。）そして私には赦す用意がない」と。事実上も原理的にも近づきがたい、この女性の経験の特異性は措く他はない。その上で一般性のレヴェルで聞きとる時、この証言は「政府にも委員会にも赦す権利はない、赦しは司法的であれ政治的であれ、いかなる制度の射程外にあり、赦す資格は犠牲者にしかない」ということを意味するであろう。赦しは従って、和解とは次元を異にするのだ。それだけではない。この証言は、「私だけが」と言う妻が犠牲者だとしても、絶対的な犠牲者は亡くなっており、赦す資格のあるのは夫だけであって自分ではないことを意味するであろう。「私だけが赦すことができる。そして私には赦す用意がない。」生き残った者に、死んだ犠牲者の名において赦す権利などあるだろうか？[32] 和解をリードする第三者機関に対する抵抗がここにある。

なぜ女性の抵抗なのか？　最悪の暴力の犠牲者がしばしば女性だからだ。警察や治安部隊が反アパルトヘイトの女性闘士たちを捕え暴行を加えた時、彼女たちは責任ある闘士としてではなく「淫売」扱いされた。さらには強姦され、公の場で「真実」を証言することさえできない犠牲者たちもいた。「ジェンダー委員会」の努力にもかかわらず、強姦の概念と規準は公的／私的、政治的／非政治的等々の曖昧さを脱することができず、問われないままに終わった、和解のプロセスから排除された性的暴力が残ったのだ。「強姦は数ある中の一暴力ではない」とデリダは言う[33]。和解プロセスの限界である。

右に引用した女性の証言は、和解に結びついた赦しに還元不可能な無条件の赦しを垣間見ることを可能にする。赦しなるものがあるとすれば、それは、何らかの政治的計算から、打算から、宗教的理由から行なわれる赦しの儀式によっては決して赦すことができないこの次元でしか可能ではない。デリダは、いかなる（悔悛、赦しを乞うこと、罪人の悔い改め等々と交換になされる）条件つきの赦しをも、悔悛、和解、回心、贖罪とのいかなる交換をも、いかなる経済をも、いかなる目的をも、犠牲の論理をも超え出る無条件の赦しを、それら条件づきの「赦し」から区別する。和解のプロセスに反対しているのではない。両者の結びつきの事実的な、歴史的な必然性と必要性を承認しつつ、それに対する抵抗の場所を記しているのだ。ここでは、キリスト教化に対する抵抗である。ただし、キリスト教の伝統の端的な外部を記しているのではない。赦しの二つの概念はキリスト教のものでもあるからだ。そのように伝統が矛盾した二重の命令を含んでいる時には、伝統は能動的かつ遂行的に方向を定め直し、その記憶を発明し直すのでなければならない。

(2) 和解の強要

愛と和解の宗教であるキリスト教の暴力とは何か？　ヘーゲルの「宗教哲学」がよく示しているように、赦し、和解し、愛する「キリスト教の精神」そのものを認めない者を赦さない暴力である。そして第一に、それはユダヤ教徒の関係として成立する。ヘーゲルにとっては、ユダヤ人は愛することも赦すこともできない。あるのは仮借ない排斥力であり、同情の欠如である。そのユダヤ人共同体の内部にイエスが登場した。ユダヤ人の運命の一部ではなく全体に対立し、民をその運命を超えて高めるためである。それがユダヤ人の中に、イエスに対する対決と敵意とを生んだ。その敵意は勇敢さ、勇気によって止揚されるしかなく、愛によって和解にいたることはない。従ってその試みは失敗する。イエスは供犠の犠牲者となる。自らの共同体の内部で敗退した彼はしかし、問題の運命とは関わらない人々の間で受け入れられてゆく(34)。この図式は、シェクスピアの戯曲『ヴェニスの商人』の中にも読みとることができる。

同じ赦しのテーマ系を追跡しつつ、デリダはこの作品に注目した。《Qu'est-ce que la traduction relevante?》とのタイトルを、その一部《relevant》の翻訳と翻訳行為そのものが問われているがゆえに翻訳不可能なタイトルをもつこの論文で彼は、シャイロックとアントーニオとの訴訟場面に介入するポーシャの言語行為を分析している(35)。ここでも私は、暴力的な切り取りに甘んじる他はない。

法廷では何が問われているのか？　周知のように、キリスト教徒のアントーニオが、反目するユダヤ人シャイロックから借りた金を返済できなくなった場合、自らの身体の肉一ポンドをもって返済するという契約に基づいて、返済できなくなったアントーニオに対してシャイロックが契約の履行を迫っている事態を、法廷がいかに裁くのかである。シャイロックはあくまで、契約が文字通りに履行されることを要求する。(神との)契約の文字にこだわるユダヤ人である。そこにキリスト教徒で、男性の法律家に扮した女性ポーシャが介入する。支払の期限切れを宣言することから出発し、シャイロックの執拗さによって自ら提案した最初の懐柔策を拒否された彼(女)は、アントーニオに負債の契約をもう一度「告白せよ」と求め、《I do》との答えを得た上で、「ならばユダヤ人(the Jew)は慈悲深くあらねばならない」とシャイロックに詰め寄る。"the Jew"、特異なこのユダヤ人であるとともに、ユダヤ人一般でもある。(デリダはここで、カトリック教会が犯した過ちについて、前ローマ法王ヨハネ＝パウロ二世の「赦しを乞うのは常にわれわれだ」との発言に言及している。しかも彼は、「過ち」を犠牲者たちにではなく神に赦しを乞うていることを付け加えておこう。）ユダヤ人を始めとして、なぜ他者に赦しを乞うのか？　暴力を帳消しにするためである。ここでは、赦しの要求それ自体が暴力でもある。

シャイロックはここでも拒否する。そこで「理性の狡智」が動き出す。ポーシャは、シャイロックが依拠している契約と、それを裏づけている法とを超えたところに赦しを持ち上げて行く。法の文字から赦しを（キリスト教）精神化して行くのである。彼（女）は赦し（mercy）の力を、至高の権力以上の権力、最上級の力、力なき力、恩赦の特権、君主の絶対的な特権だと讃え上げる。しかし、上昇運動は無限に競り上がり、地上の権力をも超え神的次元に達して、地上の権力を神的なものにする。赦しは人間の中にあって人間の法的な権利と義務を超えるのである。ポーシャは従って、シャイロックに対して、神であるかのように、人間の契約を超えたところから赦しを与えるようにと、文字通り法外な要請をするのだ。「誉め殺し」に合うのを嫌うシャイロックは、彼を天に結びつける誓約の文字に従って赦すことを拒否する。両者の競り上がりの果てに、ポーシャの狡智が炸裂する。証文にある通りに、しかし証文には書かれていない通りに「一滴の血も流さずに肉を切り取れ」と。すべてが逆転する。裁きを履行できなかった彼は、国家の法によって裁かれる側に転落するのだ。「だから跪いて公爵閣下の慈悲を乞え。」こうしてシャイロックは赦しを乞う立場に突き落とされ、ヴェニスの公爵は赦しを与える振りをしながら、キリスト教の精神がユダヤ人のそれに優っていることを示そうとする。「われわれの精神の違いがお前に見えるように、お前が乞う前に、お前に命を赦す……お前の悔悛が財産の没収を罰金へと減刑させることもある。」アントーニオは、シャイロックに対する赦しにはキリスト教への改宗を条件にせよと付け加えている。結末は周知の通りだ。悔悛し、改宗し、赦しを乞う者に赦しを与える和解のキリスト教はこのように、それを拒む者にとっては徹底した暴力をもって答えるのである。

新自由主義の信仰に支えられたグローバリゼーションに対する「テロリズム」攻撃、それに対してキリスト教言説をもって各地で攻撃を繰り広げるアメリカ、それが自己免疫的な悪循環であって、何の解決ももたらさないことは誰でも知っている。何らかの普遍的価値——例えば「自由」——を僭称するグローバリゼーションは、「世界ラテン化」は、和解し得ない相手を赦すことはない。本人がキリスト教思想家であるカール・シュミットが「帝国主義的膨張」について言っていることは、彼が維持しようとした「戦争」が不可能になったという留保の下では、今日でも読み直すに値する。

人類そのものは戦争をなしえない。……人類という概念は、敵という概念と相容れない。……一国家が、人類の名においてみずからの政治的な敵と戦うのは、人類の戦争であるのではなく、特定の一国家が、その戦争相手に対し普遍的概念を占取しようとし、(相手を犠牲にすることによって)みずからを普遍的概念と同一化しようとする戦争なのであって、平和・正義・進歩・文明などを、みずからの手に取り込もうとして、これらを敵の手から剥奪し、それらの概念を利用するのと似ている。(36)

一方が「人類」であれば、相手は「人類」以外、あるいは「人類」以下のものになり、そこには戦争さえもありえない。相手は「平和破壊者・平和撹乱者として、法外放置され、非人間視される」。しかし、普遍を標榜する側が純粋な暴力を自称することもない。それは自らを「十字軍」と宣伝し、攻撃を「人類の最終戦争」に仕立て上げるのである。(37)

(3) 先端の抵抗

「世界ラテン化」への抵抗の観点から、日本国憲法第九条を見直すことには意義があるだろう。「世界ラテン化」を最先端でリードする国家の一つアメリカ合衆国の占領下で、GHQの提案を「天皇制」の維持と引き替えに受け入れて成立した「戦争放棄」条項は、ヨーロッパ起源の一つの政治的理想を具現したという意味では、この憲法の他の諸原則とともに、間違いなくヨーロッパの歴史に属している。ところがその一方では、中米コスタリカとともに日本は、武力で紛争を解決しない、国外で軍事行動をしないと宣言している数少ない国家である。それは、歴史的に生成変化してきた国家主権の一大構成要素をもっていないことを意味する。そこから確かに、日本国家は冷戦構造の中に組み込まれてきたし、今日では、自衛隊という軍隊を始めとして、アメリカの太平洋戦略再編の中にすっかり呑み込まれようとしている。

その巨大な動きに棹さしつつもしかし、政治・経済界から市民にいたるまで多くの勢力が、「内発的な」理由から憲法を「改正」して、第九条を書き換え、自衛隊を正規軍へと昇格させて、（国際貢献の名の下に）国外での武力行使を可能にしようとしている。なぜか？　その欲望はどこに由来するのか？　何よりも、軍事力行使の権限を自らに与えていない現状では、この国家は「一人前」ではないとの思いに、である。「言うことを聞かない相手には、暴力をもってしても言うことを聞かせる権利をもつ」、これが「一人前の」、「普通の」国家の条件だというのである。その男性中心主義は明らかだ。この国家は、「一人前」であるためのファ、ル、スをもっていないのだ。第九条とは何よりも「去勢」の場所だということになる。（ただし、「ファルス」も「去勢」もまた、一連のヨーロッパ言語に属す。）「ファルスをもつ」、すなわち「一人前の男」である。フロイトが「去勢の事実」によって（根本的な問題を孕んだ形で）定義する女性の状態を脱して、男性として独り立ちするには軍事力行使の能力が必要だということになる。東京裁判が定めた戦犯規定の拒否、「押しつけ憲法」から「自主憲法」へという身振りも同じ論理と欲望の中にある。だが、魅、せ、ら、れ、る、前に考えてみよう。そのようにして「普通の国」になったら日本は、「日米同盟」から離脱する可能性を手にするのだろうか？　日本が「世界戦略」をリードするのではない限り、自衛隊が「集団的自衛権」の名の下にアメリカ軍と行動を共にする以上、去勢を二、重、化、し、倍、加、することにしかならないのではないか？　自主的追従のパラドクスである。こうしてキリスト教化グローバリゼーションは、さらに徹貫して行くことになるだろう。

とすれば、憲法第九条は、「世界ラテン化」に対する抵抗のチャンスを宿す場所だと言うことができる（抵抗勢力!?）。それこそがむしろ、この国家の「独立」を可能にする契機だとさえ言ってよい。日本一国ではなく、世界的に、政治的な別の可能性を秘めた場所である。その可能性を展開するためには、独自の行動をするための情報収集力が不可欠である。そのためになら、国連の常任理事国になる意義もあるだろう。しかし、その力が極めて不十分であることは周知の事実だ。遅すぎるのかも知れない。だが、遅すぎないかも知れない。もちろん、チャンスを現実のものにして行くには、国際的な政治・経済、さらには文化を語るための「ラテン語」とは別の言語を開発することが不可欠であろう。ヨーロッパ出自とはまったく異なる文化の伝統を相続する数多くの場所の一つであるここから。そのためには、安易な対立図式に訴える自己同一化、自己我有化というプログラムに陥らないよう、常に警戒を怠らないのでなくてはならない。

第九条のチャンスはしかし、「絶対平和主義」を意味するわけではない。形式的に、機械的に「平和」を主張することは、特定の状況において暴力を蒙っている存在者を見捨て、他者に対する責任を回避する口実にもなりうるからだ。それは、責任回避をして自己に閉じ籠ることを帰結する。その一方では、機械的「絶対」を除いた平和主義が、特定の状況に介入して他者に対する特定の責任を果たすとしても、そこにはより原理的な、構造的なアポリアが待っている。

デリダは、Tout autre est tout autre「すべての他者はまったく異なる」と言う。すべての他者は「私」にとって、それぞれまったくの特異性において存在し、まったく異なる呼びかけを発している。「私」はしかし、すべての他者の呼びかけに、同時に同じ責任をもって応えることはできない。私は、出会った特定の他者の苦境を救うために助力することはできる。しかし、有限な存在である私は、複数の他者の苦境さえ同じように救うことはできない。ましてや、人間とは限らない生命ある他者たちの、それぞれにまったく異なる呼びかけが、戦争の被害者たちの、加害者にされる被害者たちの、飢餓によって死に行く人々の、災害を蒙った人々の呼びかけが、私の生活圏を超えたところからマスコミを介して、声によって、眼差しによって私に既に届いているにもかかわらず、私がなしうることは極めて少ない。旧約聖書「創世記」二二に描かれているアブラハムの状況は私たちの日常なのだ。[38] 実際にそれは、一九九五年、阪神淡路大震災において、数多くの負傷者が運び込まれた病院で、対応能力に限界があるために、誰に優先的に手当てを施し誰を後回しにするのか、倒壊した街中で、火災が迫り来る中で、誰を先に救出し誰を後回しにするのか、絶対に不可能な決断をしなくてはならなかった医師たちや消防署員たちの状況として現出した。ただし、一見平穏な日常においても同じことが続いているのだ。言うまでもなく、あらゆる他者に同じように責任を負えないからといって、何もせずに自己に閉じ篭ろうとすることが最悪であることに変わりはない。他者の呼びかけに責任をもって応えることは、常に既にこのアポリアの中にある。しかし武力で紛争を解決しない、それは最小限の、しかし大きなことだ。少なくともそれは、殺さない・殺されないからなる最低の関係を作りだし、新たな交渉の空間を開きうるからだ。武力での威嚇を裏に隠し持ちつつ行なわれる交渉とは別の交渉のあり方を。その意味では、グローバリゼーションと「テロリズム」がループを描いて競り上がる世界なき世界で、憲法第九条はアポリアの中での応答の新たな可能性を開きうる場所であり、「世界ラテン化」の最先端における「世界ラテン化」への抵抗の場所なのである。

「世界ラテン化」、デリダはこう言っていた――「私が行なおうとしているタイプの脱構築が、こう言いましょう、アブラハム的――ユダヤ教的、キリスト教的、イスラム教的――なものであり続けるとしたら、それが含意するのは、脱構築がこの伝統の一部であり、この伝統の記憶であり、かつまた脱構築がこの伝統を予見しえない形で変状させるということでしょう。」その少し後にこう付け加えている。「私は、キリスト教に何かが、予見しえない地震が起こりつつあるという漠たる感情を抱いています。[39]」ナンシーの場合と同じく、デリダの身振りはここでも両義的であるかのように見える。キリスト教を、一神教を変状させつつ、依然として脱構築はキリスト教の、一神教の「内部」にとどまるかに見えるのだ。「宗教」の問いを引き受けた論文「信と知」において彼は、「メシア的なるもの」（le messianique）ないし「メシアニズムなきメシア性」と、プラトンの『ティマイオス』の読解から取り出したkhôraに言及している。前者は、期待の地平も預言にも組み込まれ得ない、正義の到来としての他者の来訪（「すべての他者はまったく異なる」）、歴史の流れを中断して新たな流れを開始する出来事である限りで、いかなる「アブラハムの宗教」にも属さない次元である。後者は、場所ならぬ場所であり、存在でも善でもなく、神でも人間でも歴史でもない無限の抵抗の場所である限り、「ギリシア」の経験さえもはみ出す。「顔のないまったくの他者」である。[40] デリダはこうして、ギリシア－一神教の内部からある「外部」を突き止める。けれどもその時でさえ、ひとはそこに一神教の伝統と記憶を知覚するであろう。確かに。しかし、「メシア的なるもの」が（そしてkhôraもまた）「まったくの他者」を、こちらに準備のない、期待の地平を超えた他者の到来を名指す限りにおいて、それを一神教の「メシア」の到来とは別のものとして読むことができる。一神教の「メシア」が、そして期待の地平をあたかも破るかに見える「出口」が一つであるかのような理解を誘うのに対して、「まったくの他者」の到来（とその既に）は、「出口」が常に、日常的に複数ある、従っていくつでもあることを示唆している。レヴィナス、ハイデッガー、そして恐らくはナンシーとの違いがここにある。Tout autre est tout autre、誰かを救う際に「犠牲に」せざるを得ない他の誰かもまた、ある「われわれ」からこぼれ落ちる誰かもまた亡霊として再来するであろう。その声は「われわれ」（への我有化）に先立って常に既に耳に届いており、これから到来する者の声として「われわれ」を震撼させる。「まったくの他者」の到来、最良であれ最悪であれ、西洋はそれをいたるところで体験しながら、時には暴力をもって他者を自らの他者へと変じることによって支配権を確立し、キリスト教化しつつ和解して来たのではなかったか？　他の岸でも、まったく異なる伝統を継承しながらも、西洋という「まったくの他者」に出会い、キリスト教との妥協を図りつつ自らを西洋化してきたのではないか？　戦争、政治、和解、妥協である。汚染は、岸あるところすべての両岸で起こっている。汚染に耐えられない「原理主義」もまた、いたるところから起こる。だが、汚染に耐え、汚染の動きを分析しつつ、グローバル化する西洋の境界線上で抵抗しつつ肯定することが脱構築の最初の身振りであるだろう。あとは名前の我有化の問題である。我有化の誘惑と暴力への終りなき抵抗、それはあらゆる水準で、あらゆる場所で起こるであろう。

(1) マルティン・ハイデッガー「日本の友に」小島威彦訳『技術論』所収、理想社、一九六五年、五頁。
(2) Martin Heidegger, 《Die Frage nach der Technik》, in *Vorträge und Aufsätze*, Neske, 1959, S. 19, 同書、二六—二七頁。
(3) *Ibid.*, S. 22-23, 同書、三一—三二頁。
(4) *Ibid.*, S. 26, 同書、三七頁。
(5) そのいくつかについては、本書所収のコリン・コバヤシ、田口哲也、秋元孝文論文で触れられている。
(6) ハイデッガーと宗教なるもの、とりわけキリストとの関係、およびハイデッガーにおける「信」と「神」の問いは錯綜を極める。ここでは、次の二点を指摘するにとどめる。

一方では、ハイデッガーにとって、哲学は神学から絶対的に区別されなければならない。『現象学と神学』で彼は言う、「神学はひとつの実証的学問であり、そしてそのかぎりにおいてその理由から哲学と絶対的に異なるものである」(Martin Heidegger, *Phänomenologie und Theologie*, Klostermann, 1970, S. 15, 渡部清訳『現象学と神学』理想社、一九八一年、一四頁)。その上でハイデッガーは常に、ローマ・カトリックから批判的に距離をとる。一九六二年のギリシア紀行「滞在」でもハイデッガーは、そうした批判的な言辞を向けている（ハイデッガー全集、第七五巻、三木正之他訳『ヘルダーリンに寄せて　付・ギリシア紀行』創文社、二〇〇三年、二四九—二八五頁)。そこで彼は繰り返し、ギリシアの地に今なお潜む古代ギリシアの偉大さと、それを破壊する近代技術の世界を突き合わせている。「この国の人間と民族とは、あれほど航海への喜びを持っていたにもかかわらず、なお定住することを弁えていたのだ。つまり神々の座の故に、野蛮なるものに抗して限界を設けることを知っていたのだ。……それでこそ彼らは、一個の世界を創建することが出来たのだ。／われわれ今日の人間達は、そのように住まうことから閉め出され、計算的計画という鎖の中に迷い込んでいるかのように見える。われわれがアテネへの帰路、間道をゆっくり走りながら通り抜けた、あの愉快な静かな村にしてからが陰鬱な考えを、完全に払い退けてくれるものとはなりえなかった」（二七六頁）。アテネを離れてギリシア正教のカイザリア修道院を訪れたハイデッガーは、ローマ教会と教会政治的-法律的思考に、もちろん否定的に言及している。「その小さな教会のキリスト教精神には今もなお古代ギリシア的なものの名残が含まれていた。ローマ教会とその神学の教会政治的-法律的思考に屈しまいとする精神の働きが、そこにはある。この修道院定住の地にかつて、アルテミスに捧げられた「異教の」聖域があったのだ」（二七八頁）。さらに「神及び女神の神性に対するギリシア的関係は、一個の信仰でもなかったし、religio 即ち神への恐れといったローマ的意味での宗教でもなかった」（二八〇頁）。ところが、ギリシアの地にあっては、近代技術はとりわけ観光産業となって猛威を振るっている。「観光ブームの容赦ない襲撃とともに、一個の異質な力が、その様々な注文と設備とをギリシア全土の上に押し広げているのだ。……近代技術及びそれと相俟って世界の科学的産業化と、それらの引き止めようもない勢いを通して、滞在のあらゆる可能性を、まさに消し去ろうとしているのである」（二八四頁）。

その一方では、よく知られているように、「技術論」以降のハイデッガーは、「神のみが危険から救うことができる」、「不在の神」、「神の到来」など、ある「神」を語るようになる。それを受けて、ハイデッガーとキリスト教の関係は問い直されてきている。この点については、差し当たりデリダの『精神について』『アポリア』、とりわけ「信と知」を参照されたい（Jacques Derrida, *De l'esprit*, Eds. Galilée, 1987; *Apories*, Eds. Galilée, 1996; «Foi et Savoir-*Les deux sources de la «religion» aux limites de la simple raison*», in *La Religion*, sous la direction de J. Derrida et G. Vattimo, Eds. du Seuil, 1996, pp. 9-86; それぞれ、拙訳『精神について』人文書院、一九九〇年、同『アポリア』人文書院、二〇〇〇年、松葉祥一・榊原達哉訳「信仰と知　たんなる理性の限界内における「宗教」の二源泉」『批評空間』II-11（一九九六年）—II-13（一九九七年））。同じく、大西雅一郎がジャン＝リュック・ナンシーの『哲学的クロニクル』（現代企画室、二〇〇五年）に付した「訳者あとがき」も参考になる。

（7）「和辻哲郎—回帰の軌跡」『思想』一九九〇年十二月号、岩波書店、「自己犠牲と思弁」『現代思想』一九九三年、一月号、二月号、青土社、「否認された神聖」甲南大学『紀要』文学部篇、二〇〇四年、「境界のフィクション」『思想』二〇〇四年十二月号、二〇〇五年一月号、岩波書店など。

（8）Walter Benjamin, *Fragments*, PUF, 2001, pp. 110-114.

（9）ベンヤミンは、ニーチェの「超人」の思惟を資本主義の極限と見なしている。「資本主義宗教の思惟のタイプは、ニーチェの哲学に壮大な表現を見出す。超人の思惟は、黙示録的「飛躍」を、改宗と贖罪、浄化と痛悔の中にではなく、一見連続しているが、最後の時点で爆発が不連続にする強化（Steigerung）の中へと移動させる」（p. 112）。このニーチェ評価において、ベンヤミンはハイデッガーに合流する。『ニーチェ』においてハイデッガーは、「超人」を次のように位置づけている。「今にして、ニーチェがすでに形而上学的に認識したこと、すなわち、無制約的な姿をとった近代の〈からくり経済〉、つまりあらゆる行動と企画の機械的運用が、従来の人間を超え出た新しい人間性を要求することが明瞭になった。……／必要なのはひとつの人間性、近代的技術とその形而上学的真理の比類なき根本本質に根底から相応した人間性であり、技術の本質をして全面的に主宰せしめつつ、まさにそうすることを通じて、個々の技術的経過と可能性を操縦し利用しうる人間性である。／無制約的な〈からくり経済〉には、ニーチェ形而上学的意味で、ただ超人のみがふさわしい。また逆に、超人は大地の無制約的支配を樹立するために、この〈からくり経済〉を必要とするのである」（薗田宗人訳『ニーチェ』II、白水社、一九七七年、三七一－三七二頁）。

（10）Jean-Luc Nancy,《La déconstruction du christianisme》, in *Déclosion*（*Déconstruction du christianisme, I*）, Eds. Galilée, 2005, pp. 203-226. このテクストの翻訳は、大西雅一郎訳『神的な数々の場』（松籟社、二〇〇一年）に収められている。

（11）Jacques Derrida,《Foi et Savoir》, *op. cit.*, pp. 42-43.『批評空間』II-12、一九九七年、一三五頁、訳文に変更あり。

（12）Jacques Derrida,《*Versöhnung, ubuntu,* pardon: quel genre?》, in *Verité, réconciliation, réparation*, sous la direction de B. Cassin et al., *Le Genre humain*,Eds. du Seuil, 2005, p. 120.

（13）Jacques Derrida,《Le Siècle et le Pardon》, in *Foi et Savoir*, Eds. du Seuil, Col. Points, p. 107. 鵜飼哲訳「世紀と赦し」『現代思想』青土社、二〇〇〇年、第一一号、九一頁。

（14）*Ibid.* 同所。

（15）しかし今日、そのプロセスは、現首相小泉純一郎が繰り返す靖国神社参拝によって破綻したことは周知の通りである。後に見るようにデリダは、とりわけ和解という政治的な目的をもった「赦し」の取引を周到に「無条件の赦し」の次元から区別するが、二〇〇五年日本の現状は、デリダが問題視するキリスト教化されつつある和解にさえ達せず、その手前へと後退したと言わなくてはならない。「靖国」はそれゆえ、敗戦後六〇年を経てなお、日本近代化の（国際）政治‐経済的な、ほとんどすべての矛盾とアポリアを取り集めるトポスであり続けている。「靖国」問題については今日、高橋哲哉の論考は必読である。『靖国問題』ちくま新書、二〇〇五年。『国家と犠牲』ＮＨＫ出版、二〇〇五年。また『現代思想』二〇〇五年、第八号をも参照。

（16）Jean-Luc Nancy,《Déconstruction du monothéisme》, in *La Déclosion, op. cit.*, p. 51（強調は港道による）.

（17）Jean-Luc Nancy,《Déconstruction du monothéisme》, in *La Déclosion, op. cit.*, p. 54.

（18） Jean-Luc Nancy, «Déconstruction du monothéisme», in, *La Déclosion op. cit.*, p. 206, p. 212.『神的な数々の場』、一二三頁、一三二頁（強調は港道）（一一五－一五七頁）。このテクストからの引用箇所は、（203/一一五）の形で本文中に記す。«Déconstruction du monothéisme», *ibid.*, p. 55.

（19）「この緊張の極点は、ついには臨在の絶対が、現前の絶対が移行の無限と融合する時に到達される。その時、意味自身が締め括られるか、同じことだが、汲み尽くされる。それは、そこにはもはや意味が存在しなくなる完全な意味である。たまたまキリスト教由来のものではない定式（ルターの定式）によれば、それがついには「神の死」と呼ばれるものだ。というのは、それがキリスト教の運命自体を言い表わすからだ。よりニーチェに近い別の言葉では、キリスト教はニヒリズムの中に、ニヒリズムとして完成する。それはまさに、ニヒリズムが意味の最終的な赤熱であり、過剰な状態における意味であるということを意味する」（214/一三五）。

（20） ナンシーの試みが孕む問題系については、「キリスト教の脱構築」の翻訳者、大西雅一郎が別の翻訳書『哲学的クロニクル』に付した「訳者あとがき」で、優れた考察を施している。ナンシーの議論を大西のレヴェルで論じ直すことは必須であり、私にとっても今後の課題である。ジャン＝リュック・ナンシー『哲学的クロニクル』大西雅一郎訳、現代企画室、二〇〇五年、一〇六頁以下。

（21）「近代の超克」については、廣松渉『「近代の超克」論』（講談社学術文庫、一九八九年）に多くを負っている。

（22） 一例だけを挙げる。Paticio Peñalver Gômez, «Hyperboles chrêtiennes et déconstruction. Dialectiques théologiques», in *L'Herne* «Derrida», Eds. de l'Herne, 2004, pp. 269-278.

（23） Jacques Derrida, *Le toucher, Jean-Luc Nancy*, Eds, de Galilée, 2000, p. 68.

（24） *Ibid.*, p. 249.

（25） «Epoché and Faith: An Interview with Jacques Derrida» in *Derrida and Religion : Other testaments*, edited by Y. Sherwood & K. Hart, Routledge, 2005, pp. 32-33.

（26）「キリスト教の脱構築」――「……「暴力と形而上学」の末尾でデリダが話している「ユダヤ－ギリシア人」（彼がわれわれの歴史だと言うあの「ユダヤ－ギリシア人」）はキリスト教徒ではないかと問うことができるだろう。また、なぜわれわれは、組織的にキリスト教徒から自らの視線を逸らすのか、なぜわれわれは常に、あたかもキリスト教徒を正面から見据えることを望まないかのように、「ユダヤ－ギリシア人」の方を物欲しげに見るのかと問うことができるであろう」（204/一一九）。

（27） *Ibid.*, 強調は港道による。

（28） *Ibid.*

（29）*Ibid.*

（30）Jacques Derrida, «*Versöhnung, ubuntu*, pardon : quel genre?», *op. cit.* なお、同じテーマを巡るインタヴュー「世紀と赦し」（前掲）をも参照する。

（31）デリダの同論文に引用されている。*Ibid.*, p. 137.

（32）*Ibid.*, pp. 138-139、「世紀と赦し」九八―九九頁。

（33）*Ibid.*, p. 143.

（34）*Ibid.*, pp. 151-152.

（35）Jacques Derrida, «Qu'est-ce que la traduction relevante?», in *L'Herne* «Derrida», op. cit., pp. 561-676.

（36）カール・シュミット『政治的なものの概念』田中浩他訳、未来社、一九七〇年、六三頁。

（37）「……帝国主義はなお、暴力的な肉体的殺りくの技術的諸手段、すなわち、資本と知性とを動員した結果、いまだかつてないほど有用なものとなり、いざとなれば実際に用いられもする、技術的に完全な現代的武器を手中に収めている。このような手段を用いるについては、じつは、本質的に平和主義的な用語が作りだされるのであって、そこにはもはや戦争という語はなく、ただ執行・批准・処罰・平和化・契約の保護・国際警察・平和確保の措置だけとなる。対抗者はもはや敵と呼ばれず、その代わりに、平和破壊者・平和攪乱者として、法外放置され、非人間視される。また、経済的権力地位の維持ないし拡張のために行なわれる戦争は、宣伝の力で「十字軍」とされ、「人類の最終戦争」に仕立てられざるをえない」（同書、一〇二頁）。

（38）Cf. Jacques Derrida, «Donner la mort», in *L'Ethique du don : Jacques Derrida et la pensée du don*, Essais réunis par J-M. Rabaté et Michael Wetzel, Métailié-Transition, 1992, p. 79 et sq.

（39）«Epoché and Faith: An Interview with Jacques Derrida», *op. cit.*, p. 33.

（40）Jacques Derrida, «Foi et Savoir», *op. cit.*, pp. 27-32. 「信仰と知」（前掲）『批評空間』一九九六年、II-11、一〇〇―一〇三頁。

甲南大学人間科学研究所　特別企画研究会

『デリダ、異境から』(*D'ailleurs, Derrida*)

上映会&トーク

日時：二〇〇五年四月十七日(日)　午後二時～五時

場所：甲南大学一八号館三階　講演室

サファー・ファティー(本映画監督)

鵜飼　哲(一橋大学)

松葉　祥一(神戸市看護大学)

港道　隆(甲南大学)

通訳：椎名　亮輔(同志社女子大学)

以下に収録したのは、本研究所が二〇〇五年四月十七日(日)に開催した、映画上映会と、それに続く質疑応答の記録である。上映したのは、二〇〇四年十月に他界したフランスの哲学者ジャック・デリダ氏を題材にした、サファー・ファティー監督作品『デリダ、異境から』(*D'ailleurs, Derrida*)であり、上映後には、来日していたファティさんをお招きして、映画をめぐって質疑応答が行われた。

二〇〇三年一月に来日して甲南大学での講演を予定されていたデリダ氏は、来日直前病に倒れ、二〇〇四年十月遂に帰らぬ人となった。元来『デリダ、異境から』も、講演会の折に上映されるはずだった作品である。それを今改めて上映することは、いやが上でも喪失感を大きくする。デリダ氏と面識のあった、参加者である監督のサファー・ファティー氏、そして鵜飼哲氏(一橋大学)、松葉祥一氏(神戸市看護大学)、椎名亮輔氏(同志社女子大学)はもとより、来日を準備した研究所スタッフ、そして上映会に集まってくださった方々もまた、氏の死を悼みつつ討論に参加して下さった。

この記録は、本書のテーマと内容に直接的には関係していない。しかし、本書の増田論文や港道論文を見れば明らかなように、デリダ氏やその友人、映画にも登場するジャン＝リュック・ナンシー氏の思索は、グローバリゼーションを問題にする時にも広範に前提されており、避けては通れないものになっている。従って、人間科学研究所の活動の所産である本書の末尾に付録として収録することにしたのである。なお、デリダ、ファティー両氏が、映画の完成と時を同じくして発表した共著 *Tourner les mots*, eds. Galilée, 2000 は、鵜飼哲、港道隆の共訳で近く翻訳されることになっていることを付け加えておこう。

（港道　隆）

港道　上映会の間に東京から移動されるということで多少不安に思っていたのですが、サファー・ファティーさんと鵜飼哲さんが、ほぼ時間どおりに来ていただいたのでほっとしております。

話を始める前に、この場の進め方を申し上げておきます。壇上におられる鵜飼さん、通訳をしてくださる椎名亮輔さん、そして最前列にいらっしゃる松葉祥一さんも、古くからの私の友人で、皆フランス語を話します。そこで今日は、日本語を基本的な進め方のベースにします。先に日本語で発言して、次にそれを自分でフランス語にして伝えます。サファーさんがお答えになるフランス語は椎名さんに通訳していただく。あとで会場からご意見を求めますが、その場合も、フランス語を話せる方は同じようにしてください。サファーさんは英語もおできになりますけれども、日本語からフランス語、そしてその逆という形をとりたいと思います。それに、われわれはこの場を、昨年十月に突然亡くなられましたジャック・デリダ氏を追悼する場にもしたいと思います。

私が最初に、フィルムについて短いコメントをいたします。それからサファーさんにお話しいただいて、その後、鵜飼さんや松葉さんらに発言していただいて、それから会場の皆さんにご意見を伺います。従って、まず私から短いコメントを。

この会場の中には、今回初めてこの映画をご覧になった方が多いと思われます。初めて観ると当たり前ですが、皆さんどうしても「デリダってどんなやつだろう」とか、「いったい何を言うんだろう」ということに目が行きがちで、作品を作品として見るのは難しいと思われます。

ところが、この映画は記録映画とは言えません。かといって、ドラマのように完全なフィクションでもない。むしろこの二つの間を行っていて、記録映画らしいけれどもフィクションであるという点が重要です。

その虚構的性格はまず、モンタージュ、つまり編集作業から生まれるでしょう。実際、あとでサファーさんにお話ししていただきますが、何回かの撮影のシリーズがありまして、ある時にはデリダと一緒に撮影して回っています。例えばパリがそうですし、スペインのトレド、アルメリアがそうです。次には、デリダが同行しない撮影をなさっている。そうして積み重なった素材からサファーさんが編集をして行って、六八分の映画にまとめられたわけです。

そこには当然、使わなかった部分がありますから、「捨てた」とは言いませんが、それは画面には出てこない。それに何よりも特徴的なのは、場所の名前が一つしかないことです。El Biar というデリダの生まれた町以外、いったいどこの場所を見ているのか、僕らには分からない。それから、実はデリダという名前さえマークされていない。タイトルにはありますが、画面の中では「この人がデリダだ」とも、「この人がジャン＝リュック・ナンシーだ」とも言われていない。いったい誰がしゃべっているのか分からないのです。

サファーさんとデリダ氏が二人で書いた *Tourner les mots Au bord d'un film*（1）という本があります。その中でデリダは、撮影の経験の中で、今撮っているシーンがどうやって使われるのか分からないと言っています。彼は、文字どおり手探りのまま、盲目のままに進んで行く。しかも彼自身が言うには、「自分自身を演じる役者の役を課されている」。押しつけられたとは言いませんが、課されている。その中で、言い争いというか不和というか、bataille（戦い）があったらしいんですね。もちろんそんな出来事を、画面の中にわれわれが見ることはありませんし、その痕跡さえ見ることはありません。

手始めに、この映画を観る、あるいはもう一度観るために重要な、画面からこぼれ落ちたものをいくつか、サファーさんにお話ししていただきたいと思います。

ファティー　ありがとうございます。私の作品がここ神戸で上演されることを非常にうれしく思っています。それは、九五年の大震災が神戸に痕跡を残しているからです。私はこのフィルムを大震災によって亡くなった人たち、また生き残った人たち、そして生き残りつつ喪の行為を続けている人たちに捧げたいと思います。

質問にお答えしたいと思います。確かにモンタージュ（編集）の作業は非常に重要でした。このフィルムにとっては、決定的な瞬間と言ってもいいでしょう。さらに、モンタージュは必然的に排除を伴っているわけですが、その排除（exclusion）、選択は、非常に極端に苦痛に満ちたものでした。また非常に複雑なものでした。

例えばアルジェリアのシーンは三時間以上撮っていたはずですが、それはこのフィルムの中では二〇分にまとめられています。またスペインの場面も三〜四時間撮っていますが、それは極端に圧縮され、切り取られているわけです。パリにおいても長い時間撮影が行われました。インタビューの場面も非常に長い時間撮影が行われたんですが、そのかなりの部分が削除されています。

全体として一五時間ほどの、いわゆるラッシュ（撮影直後に作られる下見・編集用プリント）が撮影されました。画像の面でもそうですが、もちろん音声に関しても、そういう編集作業は行われています。例えばスペインの場面に対応するインタビューは、三〜四時間の音として録られていますが、それも編集されています。つまり一五時間のラッシュ（原材料）が使われ、加工される。音声の言葉に関して言うと、一字一句起こされました。このような分厚さ［手で厚さを示している］の二巻のアーカイヴ（資料体）にまとめられています。

次に、この原素材を分類する作業を行いました。その分類のカテゴリーがあります。まず、テーマごとに分類する作業、視覚的要素によって分類する、リズム的要素によって分類するということがあり、最後にトーンがあります。これは映像に関しても、音に関してもそうですが、トナリティー、トーンによって分類するというテクニック的なことがあります。以上のようなカテゴリー化を行った上で、一五時間のラッシュを少なくとも三万回［**通訳**「三万回」と彼女は言っています］見直しました。それらの中から「選ぶ」という行為を行います。それは紙の上で選ぶわけですけれども、パッセージごとに映画作家が選ぶのです。

最初のセレクションを行った後で、コンピューターによってテーマごとに分類作業をまた行います。スタジオの壁に張られた色分けされたカードによって、それをまたテーマごとに分けます。先ほど述べたトナリティーによって、色分けされていますす。このようにして、最初のシークエンスごとのコンポジションが行われるわけです。

これから虚構的、フィクション的な部分についてお話ししようと思います。もちろんモンタージュが決定的なものであることに間違いありません。しかし、素材は可能性を含んでいます。一つのオプションとしての素材だということです。以上のような仕事をした後で、もともとの原素材というものができます。原素材を元に、まるで彫刻家のように削っていくわけです。そして、それをまたもう一回素材として見直すという形で、少しずつフィルムとしての形をつくっていきます。

こういうことを続けていくうちに、非常に難しい瞬間に立ち至るわけです。つまり、削りたくないようなものを削ってしまわなくてはいけないということですね。もちろん私たちの仕事は、まず最初には美的なもの、芸術的な目的によって削っていくわけですけれども、切らなくてはならない理由は、かたわらで経済的な条件、あるいはこの場合にはテレビ放送のための条件が加わってくるからです。このことによって、まずどのシークエンスを一番に選ぶかという階層付けをしなくてはいけないわけですね。これは例えて言えば、旅行に行くときに、一つの小さなスーツケースに必要な最小限のものをまとめる作業に似ています。ひとたびスーツケースをつくったあとは、持っていきたかったほとんどすべてのものが家のタンスに残ってしまうということになります。

このような作業のあとで、今度はモンタージュの作業で一つの争い、戦争が起こるわけです。今回の場合、それはモンタージュの専門家、つまり監督と、またこのフィルムは Arte というテレビ局のためにつくられたわけですが、そこのプロデューサーと、それぞれの立場でそれぞれの主張するフィルムの形式があったわけです。それらの主張を戦わせていたわけです。このような非常に苦痛に満ちた、犠牲を伴う作業を通して一時間八分のフィルムが出来上がりました。もちろんArte側の許可があれば、ほかの素材などを用いて、また違った形でつくることが可能であったようなものです。

このような段階を踏んでこの映画ができたわけですが、私がどうしても犠牲にしなければならなかった、しかし重要だと思われるシークエンスに関してお話しします。四カ所あります。

一つはもともとの植民地であったアルジェリアに宗教的なintégrisme、原理主義が戻ってきたということについてのインタビュー。そして、彼のテクスト Foi et Savoir（信仰と知）についてのインタビュー。そして、imuunité（免疫）についてのインタビュー。そしてまた、彼が télé-techno-sciences（遠隔-技術-科学）についてのインタビューに答えたシークエンスです。その四つが惜しいことに犠牲になりました。

高等社会学研究所での「pardon（赦し）」についてのセミナーはすべて録画しました。それを二回分録画したのですが、結局最終的に残ったのはたった七分でしかありません。

それともう一つは、ロサンジェルスで行われたホームパーティーのようなもので、デリダが踊っているシーンがあったのですが、これも残念なことに削除されました。

また私たちがオーガナイズしたJ・ヒリス・ミラーの家で行われたセミナーも録画しました。「秘密と文学」の問いについてのセミナーでした。しかしこれも割愛せざるを得なかった。アーバインの大学で行われた、赦しに関してのセミナーもほとんど割愛しなくてはいけませんでした。

私が本当に好きだったシークエンスで、割愛したために残念に思っているのは、ザクロに関するシークエンスです。これはまさしくテクスト「信仰と知」によって終わるものでした。

私はヒリス・ミラーと「灰」の問いについて行った対話のシークエンスも残念なことに割愛しました。リストはいくらでも続けられます。

港道　ありがとうございました。次に鵜飼さん、言葉を継いでください。

鵜飼　サファー・ファティーさんとこの映画については、映画と同時に出版され、さっき港道さんも紹介された一冊の本が共著で書かれています。それでもこの映画を見るたびに語りきれないことが出てきて、今日は自分でどんな話ができるかと思いながら、お話を伺っていました。こういう場を用意してくださった港道さん、甲南大学の先生方にまず深く感謝したいと思います。

同時に港道さんは、この映画の字幕の制作に、増田一夫さんと私と一緒にかかわっていらっしゃいます。映画の字幕は、一コマ当たりの字数が限られていますので、そこにデリダの極めて難解なテクストを押し込めなければいけないため、実はモンタージュ（編集）だけではなくて、字幕の作成でも、皆さんがご覧になったテクストの背後に膨大な犠牲があることをまず最初に指摘したいと思います。

サファー・ファティーさんは四月十二日に来日しました。その前々日にサファーさんと会って、私も十二日にフランスから帰ってきたんです。飛行機は数時間私のほうが早く着いたんですが、そこから翌日には早稲田大学、次の十五日は中央大学、そして昨日の東京日仏学院でのラウンド・テーブルと、この一週間サファーさんと過ごす時間がかなりありました。サファーさんと二人ということではなくて、他の早稲田大学あるいは中央大学、あるいは昨日はまた別の友人たちと一つの場を持ってきたわけです。おそらくサファーさんもそうだと思うんですが、私の中にも幾つもの声がまだ反響している状態で今日こちらに伺っています。また、今日映画をご覧になった方からいろいろなご質問なりご意見なり、あるいはお話が伺えるとうれしいと思っています。

さまざまな声が反響することについて言いますが、この映画の中で私が非常に印象を受けたデリダの発言の一つに、「実は一人の人間の声の中にも複数の声がある」というものがあります。しかもその複数の声は、男性であれば男性の声が複数あるというのでは必ずしもなくて、男性の声の中にも男性の声、女性の声、性差の違う声が幾つもある。そして、「幾つもある声を自分で聞き分けることができるかどうかということが、とても政治的に重要なことだ」という発言をしているところがあるんです。

私は、ここでデリダ氏に自分の声の自己分析、auto-analyse と言っていることが、最初に聞きそして翻訳したときに非常に感銘を受けました。と同時に、今もってどういう作業なのかがはっきりとは分からない。この言葉を理解しようとして、ずっと手探りしているようなところがあります。今日はここで、サファーさん自身はこの言葉をどういうふうに理解していらっしゃるのかを伺いたい。

デリダ氏の作品には対話編が幾つもあります。これは翻訳者泣かせなんです。フランス語には男性名詞、女性名詞、あるいは形容詞の男性形、女性形がありますから、英語で言うとeをつけるかつけないかで、対話者が男性なのか女性なのかは微妙な形で書き分けることができるわけです。デリダ氏の一つのテクストの中に性差の違う複数の声が木霊しているということを、多少とも彼のテクストに親しんできた人間は知っているわけです。

この映画ではサファー・ファティー監督の声はほとんど聞こえない。これもまさに大変な選択だと思うんです。おそらく、あとからではなくて最初から決めておられたのではないかと思いますが、監督自身の声は全く聞こえなかったと思います。サファーさんの場合、非常に遠くであったり、すっと消えてしまったりというイメージの形で何カ所か出てくるだけで、声はたしか一度もなかったんじゃないか。そのことと「声の自己分析」ということとの間には、何か関係があるような気がしています。そのことを一組の質問としてサファーさんに伺いたいと思います。

ファティー　そのシーンは、今私が思い出すに、南スペインで撮ったものだと思います。当時撮影は、午前中にインタビューを音だけ録音して、午後に撮影するという形で行われていました。その中の一つだと思います。

彼はその中で、精神分析と自己分析について話しています。私が思い出すには、*La Carte postale*（絵葉書）[2]か *Politiques de l'amitie*（友愛のポリティックス）[3]のどちらかだったと思いますが、アーネスト・ジョーンズの言葉を引用して、「フロイトだけが唯一自己分析をできるのである」というふうなことを言っていました。

今はっきりとは覚えてはいないんですが、デリダは、そのフレーズに対して「精神分析に対する怖れというものがあり、怖れが自己分析することがあるだろう」とコメントして、最後にそれが大哄笑で終わっていたことを思い出します。

それで、先ほど述べたイタリアでの午前中のインタビューでこの言葉を取り上げ、私は彼に、「あなたは自己分析をするのですか？」と問いかけました。それに対する答えとして彼が話したのが、他者に住まわれている声、特に彼にとって自分の声は、自分の父親の声に住まわれているということだったのです。これはアーカイブされています。このような次第で、あの場面を撮りました。

鵜飼　ありがとうございました。私が非常に気になっている言葉に近づくために、貴重なお話を伺えたと思います。

今、デリダ氏にとって自分の声が、時々お父さんの声に住まわれているという経験をしたという話が出てきたんですが、この映画は少なくとも目に見える、あるいは耳に聞こえる範囲ではお父さんというよりも、お母さんとの関係が非常に強調されている映画でもあると思うんです。それは港道さんがここに持ってこられていますが、Circonfession[4]、「割礼告白」とでも訳すしかないんですが、デリダ氏のお母さんが高齢で寝たきりになったあとに書かれたテクストがこの映画の一つのベースになっています。

この映画を通じて、私がもう一つ非常に魅力的だと思っているのは、この映画の中で普通の映画であれば見えるものが見えなくされていることです。そして、本当は見えないものが見えるようにされている、その関係ですね。私はこの映画を通じて、デリダ氏がいかにお母さん似だったかということがとてもよく分かりました。

しかし同時に、デリダ氏とお母さんの類似が見えることと、私にとってはこれがどうして裏腹なのかは言いにくいんですが、ほとんどの場所が、最初に港道さんが言われたように、どこの場所か分からないわけですね。最初見たときには、スペインのトレドとアルジェリアのアルジェはほとんど見分けがつかない。スペインの、しかもそんなに南の方ではないトレドという町とアルジェは、私たちの今の地理感覚からすると相当離れています。そのトレドに、いかにアラブ的な要素が現在も強く残っているかということを、エジプト人のサファー監督ならではの仕方で示している。あるものを見えなくしたり、アルジェリアとトレドの文化的な連続性を見えるようにしたりという、いろいろな魔法がこの映画には仕掛けられていると思うんです。

　今度は、耳に聞こえる声のレベルではなくて、見えるもの、見えないものというレベルで、どんなコンセプトをこの映画で実現しようとされたのかを伺いたいと思います。


ファティー　映画でもそうですし、ほかのものでもそうですが、エクリチュールに特有の intention（意図）があります。

　ある一つの道の上でラッシュを作ります。しかしどこに着くかは、実際は保証されていません。何ものかが映像から出て、映像を組織します。説明します。この映画が、観客に無意識という点で、重要な役割を果たすことを望んでいました。ですから、説教じみたことはすべて直ちに排除しました。しかし、ためらいがなかったわけではありません。この映画の無意識が、El Biar という名前を残したのです。例えば、彼の家の屋根裏に登るシーンも同様です。

　多くの人と同様に、私も非常に多く、シュールレアリズムについて勉強し研究しました。ですから、この映画の構造は、内面、内部から呼び出されるようなものでなければいけないと思いました。例えばトナリティー、トーンとか声、また色彩という面において、内部から生み出されるようなものであるべきだと。それに関して言うと、例えばモンタージュ（編集）の作業のうちで自由連想があったとも思えます。

　今回のこの映画は、私が作ったほかの映画とは全く違ったやり方で作られたと言うことができるでしょう。特に構造に関しては非常に難しいものでした。本来ならば、構造をつくり上げることはそれほど難しいことではないんですね。シークエンスごとに編集作業を繰り返していけば、自然にできるわけです。例えばオルガス伯爵の埋葬のシーン、割礼のシーン、そういうものをシークエンスごとに積み重ねていけば、構造はできてしまうはずです。そういう形で要素をうまく組み合わせることは簡単なんですが、実を言うと、この映画では内面から、内部からシークエンスを編集していくことが非常に難しかったのです。

　ここで望んでいたことは、目に見えないものが感じられるようにすること。これを私は、「場」から離れたところ、シーンの外に感じられるようにしたかった。それとは反対に、背景について言うと、私は非常に綿密な作業をしたつもりです。例えばフランスの場面では、必ずアルジェリアが感じられるというふうな形です。例えばセミナーの場面で私は、途中で場面を切り、セミナーに参加している学生が、デリダを見る代わりにアルジェリアの景色を見ているように編集しました。

そのような作業は、音響の面でも行われています。例えばセミナーの場面でアルジェリアのシーンが映った後で再び学生の顔に戻ってくるのですが、その学生の顔の背景にはアルジェリアの海の音が重なっています。このことによって、背景が新たに意識されるわけです。こういうことに関しては、少なくとも三日間は話すことができます。

港道　ありがとうございました。松葉君お願いします。

松葉　もうあまり時間もないようですので簡単にしたいと思います。今日はデリダの追悼の意味もあるということで、全く映画と離れてしまうかもしれませんが、私が最後にデリダに会ったときの個人的な記憶について、簡単にお話しすることをお許し願いたいと思います。

昨年私がフランスに行ったときに、四月三日に Collège Internationale de Philosophie（国際哲学院）というところで、*Béliers*[5] という近著についてのコロークがあったんです。そこにデリダが出てきまして、そこで会ったのが最後です。そのときにデリダは、なんと走っていたんですね。トイレに行くためだと思うんですが、わりあいきつい階段のところを走っていて、「大丈夫か、おい」という感じだったんです。そのイメージが一つ。

それからその直後に、さっき映画にも出てきましたジャン＝リュック・ナンシーについての本、*Le Toucher*[6]（触れる）を今、日本語に訳しているところだと言うと、握手をしたあとに、「大変だろう。頑張ってくれ」と言われたんです。そのときに握手をしたイメージ。つまり、走っているデリダと握手をしているデリダが僕の中に残りました。

なぜそれが重なるのかというと、一つは「逃れる」ということ。つまり今映画の中で出てきましたように、communauté（共同体）から逃れようとしても、逃れることができない。あるマークがつけられている。それは内的なものであったり、傷であったり。そういう形、共同体から逃れようとしても逃れることができない。従って、共同体という問題。

それからもう一つは、「手を握る」ということ。これは実は *Le Toucher* のテーマでもあります。「触れる」ということが「私が何かに触れる」ではなくて、まさに握手をしているときがそうですが、「私が何かに触れているようであると同時に、他人が私に触れていることでもある」という、この同時性。つまり、私と他者の間の関係、「私」と「他」の区別が立てられないような関係がそこで問われているわけです。そこでのある種の共同性、共通性、communauté の問題です。

実はこれについて少し、別のところで追悼文として書かせてもらったんですが、この映画の中でも、デリダは共同体（コミュノテ）に対して大きな留保をつけています。けれども、それと対峙する語として nous（われわれ）という言葉を使っています。nous interrompus（切断されたわれわれ）です。つまり、『友愛のポリティックス』で鵜飼さんが書いているんですが、共同体の問題についてはデリダは沈黙した。僕もそうだと思います。彼はいろいろなところで、共同体の問題に対して非常に批判的でいます。ですが、もう一方で、例えば『友愛のポリティックス』でも、普通の友愛は、ある種男性中心的で、しかも知を前提にしているということで、いろいろな意味で友愛は批判にさらされるんですけれども、別の友愛の可能性を彼は常に考える。

例えばそれ以外にも、歓待だとかの問題点を考えるとき、彼は必ずしもすべての共同体に対して批判的ではない。それを共同体と名指していいかどうか分からないんですが、やはり *Le Toucher* の中でも、ジャン＝リュック・ナンシーに触れながら、その可能性を少しは残しています。はたして共同体なるものは、デリダの中でどのように考えられていたのか。また共同体ではなく、まさに nous interrompus といったものがあるのか。あるとすれば、それはどういったものなのか。それが私はデリダを読んで以降、これから、生き残った者としてデリダを読んでいこうとするときの手掛かりとして、そういう視点に求めようと思っています。communauté と、それに対して彼がここで使っている nous interrompus という言葉に関して、少しだけ説明があるんですが、犠牲になったアルシーヴの中に何かほかに説明があるのだろうかという形で、私の質問にしたいと思います。

ファティー　nous の問題に関するシークエンス、nous と呼ぼうと思います。それは通常の編集を通してつくられてはいるんですが、しかしこのシークエンス編集に関しては、ほとんど犠牲にされたものはないと私は思います。

映像は、彼の自宅の仕事部屋で撮りました。彼は仕事部屋で話していますけれども、常にアルジェリアの映像と入れ替わります。仕事場とそれからアルジェリアの間でもあるわけですが、いくつかの道が映像になっていることにお気づきになったと思います。このわれわれの communauté（共同体）は非常に重要な問題で、もちろんあなた方はご存じのように、彼にとってジャン＝リュック・ナンシーとの議論は非常に重要でした。そのために、私たちはなるべく残そうと思ったんです。

ただし、悲劇は常に起こってしまうもので、フィンランド向けの Arte 版の編集においては、ここの重要な場面もやはり切らざるを得ませんでした。

港道　会場からご意見を伺います。ここでは所属を問題にいたしませんので、お名前だけをおっしゃっていただきたいと思います[7]。どなたでも。どうぞ。

質問者1　岡田と申します。「自分の中に複数の声がある」というデリダの言葉についての鵜飼さんと監督とのお話はスリリングな感じで聞きました。それにちょっと関係するかどうか分かりませんが、今日の映画を見て一つ意外に思ったことがあります。デリダは、自伝的と言われる本の中で、自分とフランス語との関係をすごく語っていると思うんです。僕が見落としているのかもしれないですけれども、今回の映画の中では、フランス語と自分との関係を話している場面がそれほどなかったのが意外だったんです。それは編集の結果なのか、もともと監督とデリダとの間であまり話題にならなかったのか、どちらなのか伺いたいと思います。先ほどの複数の声という話の中で「性差」ということは出たんですが、複数の声というときに、何語でしゃべっているのかということが気になったもので、それとフランス語という言語の問題が何か関係あるのかどうか伺いたいと思います。

ファティー　確かにこの中で削除されている部分、シークエンスとしてエレーヌ・シクスーがオーガナイズしたアルジェリアにおける言語の問題のコロークがありました。非常に活発な議論を戦わされたわけで、非常に面白い議論があったんです。というのは、会場にはたくさんの旧アルジェリア出身のフランス人、Pieds Noirs（ピエ・ノワール）と言われる人たちが参加していたからです。

　そこではまさに、どのようにしてデリダが、自分のものではない言葉によって話すのかが問題になりました。それはまた、言語というものを自分のものにする、あるいはふたたび自分のものにすること、またアルジェリアの問題、フランスの問題、そしてまたアルジェリア植民地におけるユダヤ教徒との問題でもありました。しかし、残念なことに、これはカットされました。

港道　どなたかほかにご意見、ご質問があれば、自由にどうぞ。

質問者2　寺本と言います。二つあります。デリダの若い頃の映像が今入っていましたが、あのマテリアルはどういうふうに入手されたかということをご説明いただければと思います。それから映画を撮ることがエクリチュールだとしたら、citations（引用）になっておりますけれども、そのcitationsの意図がもしおありでしたら、お聞かせ願いたいと思います。

　それからもう一つは、ファティーさんは映画の中で、短かったんですがしゃべっておられて、少し姿も見えました。それに、ジャン＝リュック・ナンシーの場面で何分か介入していました。そういう要素を決めたのは、ジャン＝リュック・ナンシーの場合は、彼がリクエストしたのか、それともファティーさんがお決めになったのか、その辺の介入のそのときの意識というか。

最後はつまらない質問ですが、もしも制限がなかったら何時間の映画にしたかったんでしょうか。

ファティー　最後の質問からお答えします。もし制限がなければ、一時間半の映画をつくろうと思ったでしょう。一時間半で十分だと思います。

一番目の質問です。若い頃のデリダと母親の映像もあります。これは彼らの家族の中でのドキュメントです。デリダと奥さんのマルグリット・デリダに「スーパー8（8ミリビデオ）で撮ったフィルムがあるか」と聞いたら、「ある」と答えたので使ったのです。そのような家庭内の映像が三時間ありました。もちろん技術の問題があって、どれも使えたわけではありません。その中で三つ取り上げました。一つは彼の若いころのイメージ。それから船の上での息子ジャンと一緒のイメージ。そして最後に彼の母親のイメージです。これはもともとても短い映像だったんですが、それを引き延ばし、ゆっくりにして、何回も繰り返すことによって、映画的な映像にまとめたわけです。

椎名（通訳）　引用の問題ですが、多分質問された方は、映像における引用のことをおっしゃったんだと思います。［ファティーさんの答えには］ちょっと誤解があったかもしれません。彼女が話しているのは、デリダ自身のテクストの引用の問題です。

ファティー　三つあります。最初が、割礼に関するテクストの引用。それからオルガス伯の埋葬に関するテクストの引用。そして、映画の終わりに引用されるテクストです。これによって三つの部分にこの映画は切られています。

しかしこの引用の扱いは、要するに声の扱いです。皆さんご存じのように、声のステイタスは決して「話をすること」と同じではないんですね。ここには直接に書くこと、エクリチュールへつながっていく何ものかがあります。そのことによって再びシークエンスが再活性化されるという形で映画のリズムが動いているわけです。特にcitations、最初の引用に関して言えることです。ですから、『割礼告白』という本に関する言及がある場合、常に引用があります。

ジャン＝リュック・ナンシーのことですが、デリダは彼が参加することに非常に積極的でしたけれども、私自身には少し不安が残っていました。ジャン＝リュック・ナンシーが出演することに、デリダは別に何も言わなかったのですが、最初の編集の試写のときに、デリダがジャン＝リュック・ナンシーのシークエンスに介入するのではないかと、私は非常に恐れていました。編集は非常に危ない橋を渡るような作業でもあったわけです。

実を言うと、撮影をしたのはジャン＝リュック・ナンシーだけではなくて、デリダの友人、エレーヌ・シクスーやJ・ヒリス・ミラーや、さまざまな人たちのシークエンスを撮ったんですが、結局最終的に残ったのはジャン＝リュック・ナンシーのところだけだったのです。それは私の決定でした。

質問者3　西です。どうもありがとうございました。非常に考えさせられる映像でした。僕はデリダの専門家ではありませんが、われわれが映像を一度見て非常に強く感じるのは、デリダがフランスの思想家としてよりは、やはりアルジェリア生まれの思想家として、少なくともキリスト教圏とアラブとユダヤ人の間にいる思想家として描かれているということだと思います。

先ほど鵜飼先生のコメントを伺っていて、ぜひ直接ファティーさんに伺ってみたいと思ったのは、こういう撮り方、こういう扱い方をされたということと、ファティーさん自身がエジプトの出身だということがどういうふうに関係しているかです。そこをファティーさんご自身はどういうふうに考えてこられたかということです。こんなことを考えてもしょうがないのかもしれませんが、もしファティーさんがヨーロッパの方だったら、ちょっと違ったとらえ方になったかどうかを伺いたいというのが第一です。

それから、今申し上げた印象を強く受けた理由は、やはり風景が一つ、それから音楽がもう一つだと思うんです。専門外の人間として、ジャック・デリダの映画をこれだけ多くの自然の風景をバックに描かれるのは非常に予想外のことでした。これはテレビ番組にするという作品の美的な要請から来るのか、それともファティーさんはデリダの思想そのものの内に、ここに出てくる海であるとか、荒野であるとか、そういうものと共鳴する要素を感じていらっしゃるのかどうか、そこを伺いたいというのが第二。この二点をお答えいただければと思います。

ファティー　もちろん私がヨーロッパの生まれでしたら、違ったフィルムを撮っていたでしょう。もしもまた別のエジプトの出身者だとしても多分違った映画を撮ったでしょう。つまりここに私がいるその場所から語っている、それだけ、私であるということだけです。私はエジプト人です。少しヨーロッパ人だとも言えます。私はこのステイタスから話をしているわけです。

Circonfession（割礼告白）という本について語ろうと思います。彼はそこではっきりと、アルジェリア人、黒人、そしてユダヤ人のことを語っています。私は彼のセミナーにも出ましたし、彼の自宅にも行って非常に近しく見ていたので、どれほど彼がアルジェリアに浸っていたか、常に強い印象を受けていました。彼は地中海を愛していた、食べ物に関してもそうです、つまり、最初の枠として「東洋」なるものがあったのです。単一言語の使用に関する本(8)の中で、脱構築の一つの対象は、「異境」ということでした。

私は脱構築（déconstruction）については、多分二〇以上の定義を耳にしています。言語に関してです。もちろん、そこに「異境」があるわけです。そこで、リストを持ってインタビューの中で訊いてみました。彼は、「今、リストの何番目なのか」と聞きました。彼は一番近くにある定義を取り上げて、「それは異境だ」と言いました。こうして、「異境」という言葉をもとに、この映画を作り上げたのです。音楽に関しては、デリダ自身がアラブ・アンダルの音楽を望んだのです。

港道　無限に続けていたいんですが、時間の問題がありまして、もう一つどうしてもとおっしゃる方を最後の質問にしたいと思います。

質問者4　和田といいます。野次馬的好奇心からの質問です。このフィルムの中でデリダの声がいろいろな形で届いたんですがこのファティーさんの創造されたフィルムに対して、デリダ自身の残された声がありましたら、それはどういう性質を持って、どういう含みがあるものだったのかを最後にお尋ねしたいと思います。以上です。

ファティー　私たちは放送局 Arte の要求で、一緒にここにあるこの本 *Tourner les mots. Au bord d'un film* を書きました。放送局の出版局からも出版されることになりますが、しかし、デリダはそれがガリレイ社と共同で出版されることを望みました。ですから、このような形で出ているわけです。この本はいわゆるメイキングではありませんが、この映画が作られる過程での語りにはなっているはずです。

港道　残念ながら、この本の翻訳がすぐに出る状態にはありません。しかも、ここにいるわれわれが責任を持っているわけでもありません。[9]

サファー・ファティーさん、どうもありがとうございました。それから通訳および発言者として関与してくださった方々にも感謝します。そして何よりも参加してくださった皆さん、そしてもう一つ、この場をつくり上げるのに大変な努力をしてくださった当研究所の三人の博士研究員、明石さん、濱田くん、石原さんに感謝して、この場を締めたいと思います。どうもありがとうございました。皆さん、ありがとうございました。

（1）Jacques Derrida & Safaa Fathy, *Tourner les mots. Au bord d'un film*, Arte/Galilee. 2000.

（2）Jacques Derrida, *La Carte postale. De Socrate à Freud et au-delà*, Flammarion, 1980.

（3）Jacques Derrida, *Potiliques de l'amitié*, Galilée, 1994.（鵜飼哲・大西雅一郎・松葉祥一訳『友愛のポリティックス』みすず書房、二〇〇三年）

（4）Jacques Derrida, «Circonfession», in Geoffrey Bennington et Jacques Derrida, *Jacques Derrida*, Seuil, 1991.

（5）Jacques Derrida, *Béliers, Le dialogue ininterrompu: entre deux infinis, le poème*, Galilée, 2002.

（6）Jacques Derrida, *Le Toucher, Jean-Luc Nancy*, Galilée, 2000.

（7）例えば日本の学会では、所属と名前を言う習慣になっていることが多いが、それを言うことによってしばしば、その発言に権威がまとわりつく結果を招く。それは肩書きをもたない人々の発言を抑圧することもある。こうした習慣そのものが脱構築の対象である。

（8）Jacques Derrida, *Le monolinguisme de l'autre ou La prothèse d'origine*, Galilée, 1996.

（9）この時点では、どこの出版社も翻訳の計画をもっていなかったが、扉に書いたようにその後、本書の翻訳は、鵜飼哲、神山すみ江、港道隆の共訳で青土社から近く出版されることになった。

（校注　港道　隆）

西　欣也（にし・きんや）

1968年生。京都大学大学院博士後期課程単位取得退学。博士（文学）。 甲南大学文学部助教授。専門は美学、思想史。著書に『シリーズ・近代日本の知　第四巻芸術／葛藤の現場』（共著、晃洋書房）など。

石原みどり（いしはら・みどり）

1973年生。大阪大学文学研究科博士課程修了。博士（文学）。甲南大学人間科学研究所博士研究員。専門は美学・芸術学。論文に「造形的な目で見る—フィードラーの芸術論の可能性—」（大阪大学文学部美学科紀要『フィロカリア』第20号）、「書としての《ＨＡＮＡ-ＢＩ》」（甲南大学人間科学研究所紀要第５号）など。

増田一夫（ますだ・かずお）

1954年生。東京大学大学院博士課程単位取得。現在、東京大学大学院総合文化研究科教授。専門はフランス思想。共著『帝国とは何か』（岩波書店）、『クレオールのかたち』（東京大学出版会）、『来るべき〈民主主義〉——反グローバリズムの政治哲学』（藤原書店）、『カール・シュミットと現代』（沖積舎）、編訳に『ミシェル・フーコー思考集成　Ⅷ』（筑摩書房）など。

港道　隆（みなとみち・たかし）

編者略歴欄（奥付頁）に記載。

執筆者略歴（論文掲載順）

コリン・コバヤシ

1949年生。著述家・美術家。1970年渡仏、以後パリ首都圏に定住。著書に『ゲランドの塩物語』（岩波書店）、編著に『市民のアソシエーション』（太田出版）、訳書に『自由-交換』（P・ブルデュー、H・ハーケ著、藤原書店）『パレスチナ国際市民派遣団議長府防衛戦日記』（ボヴェ他著、太田出版）など。

秋元孝文（あきもと・たかふみ）

1970年生。慶應義塾大学大学院博士課程単位取得。甲南大学文学部助教授。専門はアメリカ文学・文化。共著に『現代作家ガイド1　ポール・オースター』（彩流社）、『物語のゆらめき』（南雲堂）、『身体・ジェンダー・エスニシティ』（南雲堂）、そのほか「『記号としてのムラカミハルキ』のいるところ」（『ユリイカ』2000年３月臨時増刊）、ポール・オースター・インタビュー、リチャード・パワーズ・インタビュー（『ユリイカ』2002年4月号）など。

田口哲也（たぐち・てつや）

1954年生。大阪大学大学院博士課程中退。英国ウォリック大学大学院修士課程修了。同志社大学文化情報学部教授。専門は比較文学論。著書に『イメージとしての都市』（共著、南雲堂）、『戦後イギリスのファッションの歴史的、社会的研究』（日本ファッション協会）、『Electric Rexroth #2』（TB デザイン研究所）など。

川畑直人（かわばた・なおと）

1959年生。京都大学教育学部卒。博士（教育学）。W・A・ホワイト精神分析家。同児童青年心理療法家。現在、京都文教大学教授。専門は、精神分析学、ロールシャッハ・テスト、非行。著書に『心理臨床家アイデンティティの育成』（編著、創元社）、『傷つけ傷つく青少年の心』（共著、北大路書房）、『人間関係と心理臨床』（共著、培風館）ほか。訳書にパイン『欲動、自我、対象、自己』（監訳、創元社）、パイン『臨床過程と発達①②』（共訳、岩崎学術出版社）など。

刊行の辞

叢書〈心の危機と臨床の知〉は、甲南大学人間科学研究所の研究成果を広く世に問うために発行される。文部科学省の学術フロンティア推進事業に採択され、助成金の補助を受けながら進めている研究事業「現代人の心の危機の総合的研究——近代化の歪《ひず》みの見極めと、未来を拓く実践に向けて」（2003～2007年）の成果を７冊のアンソロジーにまとめるものであり、甲南大学の出版事業として人文書院の協力を得て出版される。同じく学術フロンティア研究事業の成果として先に編んだ、『トラウマの表象と主体』『現代人と母性』『リアリティの変容？』『心理療法』（新曜社、2003年）の続編であり、研究叢書の第二期に相当する。

今回発行する７冊は、第一期より研究主題を絞り込み、「近代化の歪み」という観点から「現代人の心の危機」を読み解くことを目指す。いずれの巻も、思想、文学、芸術などの「人文科学」と、臨床心理学と精神医学からなる「臨床科学」が共働するという人間科学研究所の理念に基づき、幅広い専門家の協力を得て編まれる。近代化の果てとしての21世紀に生きるわれわれは、今こそ、近代化のプロセスが生んだ世界の有り様を認識し、その歪みを直視しなければならない。さもなくばわれわれは歪みに呑み込まれ、その一部と化し、ひいては歪みの拡大に手を染めることになるだろう。危機にある「世界」には、個人の内界としての世界、あるいは個人にとっての世界と、外的現実としての世界、共同体としての世界の両者が含まれるのはもちろんのことである。

本叢書は、シリーズを構成しながらも、各巻の独立性を重視している。したがって、それぞれの主題の特質、それぞれの編集者の思いに従って編集方針、構成その他が決定されている。各巻とも、研究事業の報告であると同時に、研究事業によって生み出される一個の「作品」でもある。本叢書が目指すものは、完成や統合ではなくむしろ未来へ向けての冒険である。われわれの研究が後の研究の刺激となり、さらなる知の冒険が生まれることを期待したい。

編者略歴

港道　隆（みなとみち・たかし）

1953年生。パリ大学第1大学哲学科博士課程修了。哲学・思想史専攻。現在、甲南大学文学部人間科学科教授。著書『メルロ＝ポンティ』（共著、岩波書店）、『レヴィナス　法−外な思想』（講談社）。論文「oui と oui のアフォリズム」など。訳書『デリダとマルクス』（ライアン著、共訳、勁草書房）、『実践感覚』I（P・ブルデュー著、共訳、みすず書房）など。

Printed in Japan 2006
ISBN4-409-34031-X C3010

心《こころ》と身体《からだ》の世界化《せかいか》

二〇〇六年二月二〇日　初版第一刷印刷
二〇〇六年二月二八日　初版第一刷発行

編者　港道　隆

発行者　渡辺博史
発行所　人文書院
〒612-8447　京都市伏見区竹田西内畑町九
Tel 〇七五（六〇三）一三四四　Fax 〇七五（六〇三）一八一四
振替　〇一〇〇〇・八・一一〇三

印刷　創栄図書印刷株式会社
製本　坂井製本所